스토리텔링
상속·증여세

최신 개정판

스토리텔링
상속·증여세
최신 개정판

초판 인쇄일 2019년 11월 18일
초판 발행일 2019년 11월 25일

지은이 한종희
발행인 박정모
등록번호 제9–295호
발행처 도서출판 혜지원
주소 (10881) 경기도 파주시 회동길 445–4(문발동 638) 302호
전화 031) 955–9221~5 **팩스** 031) 955–9220
홈페이지 www.hyejiwon.co.kr

기획 · 진행 김태호
디자인 조수안
영업마케팅 황대일, 서지영
ISBN 978–89–8379–004–0
정가 15,000원

이 도서의 국립중앙도서관 출판예정도서목록(CIP)은 서지정보유통지원시스템 홈페이지(http://seoji.nl.go.kr)와
국가자료공동목록시스템(http://www.nl.go.kr/kolisnet)에서 이용하실 수 있습니다.(CIP제어번호: CIP2019042675)

스토리텔링
상속·증여세

최신 개정판

혜지원

이제 상속세와 증여세는 더 이상
일부 계층만의 문제가 아니다!

기초적인 배경지식은 필수!

  상속세와 증여세 실무에서 제일 아쉬운 사례 중 하나는 부모님의 임종을 앞둔 자녀들이 급하게 재산을 이전하는 것이다. 즉, 급하게 부모님의 예금을 인출하거나 부동산 등을 처분하여 미리 현금으로 나누는 행위들인데, 이는 모두 사전증여로 오히려 상속공제 한도를 줄여서 상속세를 크게 하거나 가산세만 유발하는 경우가 더 많다. 이런 행위가 사전증여인지 모르고 한 경우도 있어서 더 안타까울 때가 있다. 만약 상속인들에게 상속세와 증여세에 대한 기초적인 지식이 조금만 있었더라면 적어도 이런 불이익은 피할 수 있었을 것이다.

  그 다음으로, 실무에서 상속인들이 많이 억울해하는 것이 추정이나 간주규정이다. 상속세와 증여세에만 존재하는 이 독특한 규정은 일정요건이 되기만 하면 사실여부는 묻지 않고 무조건 과세를 해 버리거나, 사실관계를 납세자가 밝히지 못하면 과세를 하는 식이다. 대표적인 사례로는 부모님이 생전에 출금하신 예금의 사용처를 자녀들이 사후에 밝히지 못하면, 일정 금액이 자녀들에게 증여된 것으로 보아 과세해 버리는 경우이다. 자녀들 입장에서는 돌아가신 부모님의 수년 전 통장거래내역을 밝히는 일이 여간 어려운 일이 아닌데, 억울한 과세가 생길 수밖에 없는 구조이다.

억울한 세금을 피하는 것이 절세전략의 출발!

  절세전략은 적극적으로 세금을 줄이기에 앞서 이렇게 억울하게 세금을 내야 하는 상황을 피하는 것으로부터 출발해야 한다. 그런 다음 10년 합산규정이나 각종 공제규정 및 재산평가규정 등을 이용하여 자신의 상황에 맞도록 절세전략을 수립하는 것이 좋다.

이 책은 필자가 그동안 상속세와 증여세 업무를 하면서 실무에서 많이 발생했던 내용들에 대해, 사례를 중심으로 누이에게 이야기하듯이 써 본 책이다. 이 이야기들을 읽다 보면 전반적인 과세 구조를 이해하게 되어, 억울한 세금을 피하거나 혹은 내야 할 세금을 줄이는 방법들을 자연스럽게 익힐 수 있고 또, 소소한 내용은 과감히 생략하여 핵심 내용들이 더 오래 기억될 수 있도록 하였다.

자신의 상황에 맞는 절세전략!

이제 상속세와 증여세는 더 이상 일부 계층만의 문제가 아니다. 시가가 5억 내지 10억 이상인 아파트 한 채만 남겨도 상속세가 부과될 수 있고, 결혼하는 자녀를 위한 부모님의 지원에도 증여세가 부과되는 것이 현실이 되었다. 이것은 세밀해진 조세행정이나 점점 진화하는 금융시스템과도 무관하지 않다.

다 읽고 나면 상속세와 증여세에 대한 이슈가 몇 가지 안 된다고 생각할 수도 있겠지만, 적어도 필자가 접한 상속세와 증여세 조사실무에서 다루어졌던 대부분의 쟁점들은 크거나 혹은 작게나마 언급되었다고 자신한다. 그만큼 세무조사에서 다루어지는 내용이 정형화되어 있다고 볼 수도 있겠다. 세법을 조금만 이해한다면 절세를 위한 아이디어는 자신의 상황을 가장 잘 아는 본인에게서 더 많이 나올 수도 있다고 필자는 믿는다. 이 책이 그렇게 이용되었으면 좋겠다.

Thanks to

절세전략을 구하는 독자 여러분들의 행운을 빌면서, 늘 함께 하고 계신 오세진 회계사님과 2013년의 첫 판을 시작으로 개정판을 낼 때마다 모든 지원을 아끼지 않으신 도서출판 혜지원 박정모 사장님 및 직원들께 감사의 인사를 드린다.

공인회계사 / 세무사 한종희

목차

PART 02 | 상속세

PART 03 중소기업의 상속·증여세

PART 04 | **FAQ(Q1~Q60)**

PART 05 | **부록**(중소기업과 대주주를 위한 주요 세무쟁점)

PART 01

증여세

 배움 내용

재산을 증여하는 가장 큰 목적은 상속할 재산을 생전에 미리 이전하여 상속세를 줄이기 위함이다. 만약, 증여거래에 대하여 증여세를 부과하지 않는다면 상속될 재산을 모두 사전에 증여해 버려서 상속세를 부과할 재산이 없을 수도 있을 것이다. 따라서, 상속세를 과세하는 제도하에서 증여세는 반드시 공존할 수밖에 없다.

증여세는 증여를 받은 사람별로 각각 증여세를 부과하므로 전체 상속재산을 하나로 보아서 과세하는 상속세보다 절세전략에서 유리한 것은 분명하다. 상속세와 증여세는 모두 재산이 클수록 높은 세율을 적용하는 5단계 초과누진세율 구조이기 때문이다. 즉, 절세전략을 정교하게 수립해서 생전에 계획적으로 증여한다면 상속하는 경우보다 세금을 절대적으로 줄일 수 있는 것이다. 그럼에도 불구하고 그동안 유교적인 문화 속에서 사전증여는 자녀가 먼저 언급하기 힘든 것이었다.

그러나 최근에는 좀 더 실용적인 사회 분위기 속에서 생전에 면밀한 절세전략을 바탕으로 계획적인 증여가 점점 늘고 있는 추세이다.

여기에서는 증여세의 구조에 대해 핵심적인 내용들을 먼저 이해한 후에 자주 발생하는 사례들을 중심으로 절세전략을 살펴보고자 한다.

증여세의
이해

증여세의 구조와 특징

증여세는 그 형식에 관계없이 실질적으로 부를 무상으로 이전하는 모든 거래에 대하여 세금을 부과한다는 취지에서 출발하고 있다.

예금이나 부동산을 직접 증여받는 것은 물론이고 재산을 시가보다 현저하게 저가로 양수하거나 고가로 양도하는 경우처럼 간접적으로 증여받는 거래에도 모두 증여세를 부과한다.

특히 우리나라는 지난 2004년부터 완전포괄주의 증여세 과세제도를 도입함에 따라 세법에서 구체적으로 증여형식을 규정하지 않은 형식의 거래라고 하더라도 실질적으로 부를 무상으로 이전한 결과를 초래했다면 증여세를 부과할 수 있도록 하여 그 과세대상이 무제한으로 확대되었다. 즉, 그동안 세법에서 미리 규정하지 못한 신종 수법을 통하여 증여세를 교묘히 피해 갔던 거래들에 대해서도 모두 증여세를 부과할 수 있게 된 것이다.

(1) 증여세의 특징

무상으로 재산을 이전하는 사람을 증여자, 이전받는 사람을 수증자라고 부르는데 증여세의 중요한 특징은 다음과 같다.

• 증여자별 · 수증자별 과세

증여한 사람과 받은 사람별로 각각의 재산에 대하여 증여세를 부과한다. 이는 상속재산의 경우에는 고인(피상속인)의 재산을 상속인들이 분할하여 취득함에도 불구하고 피상속인이 남긴 모든 상속재산을 하나의 과세대상으로 보아 전체의 상속세를 계산한 후, 상속인별로 각각 상속받은 재산에 비례하여 상속세를 안분하는 방식과는 다른 것이다.

증여세율도 상속세율과 마찬가지로 5단계 초과누진세율의 구조로 되어 있다. 즉, 한꺼번에 증여하는 재산이 클수록 증여세 부담은 누진적으로 급증하는 것이다. 따라서, 절세를 위해서는 여러 명에게 분산하여 증여해야 한다.

• 10년 합산

10년 동안 동일인(증여자가 직계존속인 경우에는 그 직계존속의 배우자를 포함)으로부터 증여받은 가액이 1천만 원 이상인 경우에는 모든 증여재산을 합하여 증여세를 과세한다.

따라서, 누진세율을 피하기 위해서는 10년 이상의 기간 동안 나누어서 증여하는 것이 유리하다.

• 제척기간

제척기간이란 세무당국이 과세대상이 되는 거래를 인지하여 세금을 부과할 수 있는 유효기간을 의미한다. 증여세는 다른 조세와 달리 그 제척기간이 긴 편인데, 법정신고기한까지 자진신고를 하지 않은 증여세는 15년 전의 거래까지 부과할 수 있다. 또 재산가액이 50억 원을 초과하는 명의신탁재산과 서화 및 골동품 등의 경우에는 거래사실을 안 날로부터 1년 이내에 과세할 수 있도록 되어 있어, 사실상 그 기간에 제한을 두지 않고 있다.

• 입증책임

입증책임이란 증여사실의 여부 즉, 증여세를 부과할 수 있는 거래사실의 여부에 대하여 증거를 제시할 책임을 말하는 것으로 다른 조세와 달리 증여세는 납세자에게 더 많이 입증책임을 묻는 특징이 있다.

일반적으로 증여행위가 은밀하게 이루어지는 경우가 많아서 세무당국이 그 행위를 포착하는 것 자체가 어렵고 사실관계를 파악할 수 있는 자료에 대한 접근성이 납세자에 비하여 상대적으로 제한되어 있다고 보아서 그 입증책임을 납세자에게 전가하는 경향이 강하기 때문이다.

직업이나 연령 등에 비추어 취득한 재산이나 상환한 채무가 비합리적으로 과다하게 보이면 그 자금출처에 대하여 소명을 요청하는 경우와 배우자나 직계존비속이 서로 부동산을 매매하면 양도가 아니라 증여로 추정하는 경우 등이 대표적인 사례이다. 이렇듯 세무당국이 증여로 추정하면 납세자는 증여가 아니라는 사실을 소명해야만 증여세를 피할 수 있다.

- **연대납세의무**

증여세는 기본적으로 증여를 받은 사람 즉, 수증자가 납부하여야 한다. 그런데 수증자가 증여세를 납부하지 못하는 경우에는 증여를 한 사람 즉, 증여자가 연대하여 납부하여야 한다. 수증자와 증여자의 경제적 밀착성을 강조한 의미라고 할 수 있다.

(2) 증여세의 구조

이제 증여세를 산정한 예시를 통하여 증여세의 구조를 좀 더 구체적으로 이해해 보자. 아버지가 아들에게 1억 원과 10억 원 및 100억 원을 각각 증여하는 세 가지 경우에 대한 증여세를 개략적으로 계산해 보면 다음과 같다.

(단위: 원)

구분	1억 원 증여	10억 원 증여	100억 원 증여
㉮ 증여세 과세가액	100,000,000	1,000,000,000	10,000,000,000
㉯ 증여재산공제 등	50,000,000	50,000,000	50,000,000
㉰ 과세표준	50,000,000	950,000,000	9,950,000,000
㉱ 세율	10~50%	10~50%	10~50%
㉲ 산출세액	5,000,000	225,000,000	4,515,000,000
㉳ 신고세액공제 등	150,000	6,750,000	135,450,000
㉴ 신고납부세액	4,850,000	218,250,000	4,379,550,000
㉵ 평균적용세율	4.9%	21.8%	43.8%

위의 증여세 계산내역을 항목별로 살펴보자.

㉮ 증여세 과세가액

증여세 과세가액이란 무상으로 이전된 재산가액을 의미하는 것이다. 그 재산이 예금이나 상장주식이라면 가치평가의 객관성에 대하여 논란이 덜하겠지만 만약, 부동산이나 비상장회사의 주식 등이라면 그 가치평가에 논란이 많을 수 있다. 따라서, 세법에서는 증여받은 재산이나 상속받은 재산의 가치산정에 객관성을 부여하기 위하여 여러 가지 보완규정들을 두고 있는데 이에 대해서는 뒤에서 살펴보기로 한다.

한편, 예금의 증여처럼 재산을 직접 이전하는 경우 외에도 시가보다 저가로 양도하는 경우와 같이 간접적으로 증여하는 행위나 증여로 의제하는 거래 및 증여로 추정이 되는 경우도 모두 증여세가 부과된다. 이 역시 뒤에서 살펴본다.

㉯ 증여재산공제

증여재산공제란 증여세 과세가액에서 무조건 차감하는 금액을 말한다. 과거 10년 동안 배우자로부터 증여받는 경우에는 6억 원, 직계존비속으로부터 증여받는 경우에는 5천만 원(미성년자는 2천만 원), 그 밖의 친족으로부터 증여받는 경우에는 1천만 원을 일괄적으로 공제한다.

따라서, 배우자로부터 10년 동안 증여받은 재산가액이 6억 원을 초과하지 않는다면 납부할 증여세는 없다. 더 나아가서 배우자로부터 30년 동안 6억 원씩 10년 단위로 세 번 나누어서 총 18억 원을 증여받아도 증여세는 한 푼도 낼 필요가 없게 된다.

한편 증여재산공제는 증여자마다 각각 적용하는 것이 아니라 배우자 등의 분류별로 적용한다. 예를 들어, 미성년자가 할아버지와 아버지로부터 각각 증여를 받았다면 증여재산공제로 2천만 원씩 각각 두 번 적용하지 않고, 할아버지와 아버지는 모두 직계존속이라는 하나의 분류에 속하므로 2천만 원을 한 번만 적용한다.

㉰ 과세표준

> 과세표준 = ㉮ 증여세 과세가액 − ㉯ 증여재산공제

㉱ 세율

증여세율은 상속세율과 마찬가지로 다음의 5단계 초과누진세율을 증여자별과 수증자별로 각각 적용하고 있다.

과세표준	산출세액
1억 원 이하	과세표준의 10%
1억 원 초과 5억 원 이하	1천만 원 + 1억 원 초과액의 20%
5억 원 초과 10억 원 이하	9천만 원 + 5억 원 초과액의 30%
10억 원 초과 30억 원 이하	2억 4천만 원 + 10억 원 초과액의 40%
30억 원 초과	10억 4천만 원 + 30억 원 초과액의 50%

㉲ 산출세액

> 산출세액 = ㉰ 과세표준 × ㉱ 세율

㉟ 신고세액공제 등

증여받은 날이 속하는 달의 말일로부터 3개월이 되는 날까지 증여세를 자진해서 신고하는 경우에는 산출세액의 3%를 공제한다. 이 신고기한까지 신고를 하지 않는 경우에는 신고세액공제를 적용하지 않을 뿐만 아니라 무신고가산세 20%(부당무신고의 경우 40%)를 적용하게 된다. 결국, 지연납세에 따른 가산세 (연간 9.125%)를 제외하더라도 산출세액이 최소한 23~43%만큼 차이가 나게 되므로 증여받은 사실이 명확할 경우에는 자진해서 신고하는 것이 바람직하다. 한편 이러한 신고세액공제와 가산세 미적용의 혜택은 세금을 납부하지 않은 경우에도 적용되므로 자금이 부족한 경우라면 일단 신고만이라도 해 두는 것이 유리하다.

㉟ 신고납부세액

신고납부세액은 납세자가 종국적으로 납부할 세액을 말하는 것으로 산출세액에서 신고세액공제 등을 차감하여 계산한다.

신고납부세액 = ㉟ 산출세액 − ㉟ 신고세액공제 등

㉟ 평균적용세율

평균적용세율은 증여받은 재산가액 대비 최종 납부한 증여세의 비율을 산정해 본 것이다. 증여재산이 증가함에 따라 증여세 부담비율이 급증하는 이유는 증여재산이 증가함에 따라 높은 세율이 적용되는 5단계 초과누진세율을 적용하고 있기 때문이다.

평균적용세율 = ㉟ 신고납부세액 / ㉟ 증여세 과세가액

증여세 과세대상

예금, 주식, 부동산 등을 직접 자녀들에게 증여하는 경우는 물론이고, 부동산 등의 재산을 무상으로 사용하게 하거나 현저하게 저가로 매도(또는 고가로 매수)하는 경우에도 간접적으로 증여한 것으로 보아 증여세를 부과한다.

완전포괄주의 과세방식에 따르면 과세대상을 일일이 열거할 필요가 없음에도 불구하고, 변칙적인 거래의 사전 방지와 증여세 부과의 편의성 등을 고려하여 세법에서는 몇 가지 과세대상을 나열하고 있는데 그중에서 실무적으로 발생 빈도가 높은 것들을 예시하면 다음과 같다.

(1) 보험금

상해보험과 같은 실비변상적인 보험이 아닌 생명보험이나 손해보험에서 보험료의 납입자와 보험금을 수령하는 수령인이 서로 다른 경우에는 동 보험금에 대하여 보험료 납입자가 보험금 수령인에게 보험금을 증여한 것으로 보아 증여세를 부과한다.

(2) 저가 및 고가매매

일반적인 경우라면 자산을 매매함에 있어서 시장에서 형성되고 있는 시가만 큼의 대가를 주고받을 것이다. 그런데 시가보다 현저히 낮거나 높은 가격으로 매매를 한다면 매매가액과 시가와의 차이에 대하여 간접적으로 증여하는 효과가 있을 것이다.

즉, 시가보다 현저히 낮은 가격으로 재산을 매각한다면 매도자가 매수자에게 일정액을 증여한 것이 되고, 반대로 시가보다 현저히 높은 가격으로 매각한다면 매수자가 매도자에게 일정액을 증여한 것이 될 수 있는 것이다.

여기서 증여한 것으로 과세하는 금액은 매수자와 매도자가 서로 특수관계가 있는지에 따라 다음과 같이 다르다.

가. 특수관계가 있는 경우

증여재산가액 = (시가 − 매매가) − Min(시가 × 30%, 3억 원)

예시 아버지가 아들에게 시가 5억 원인 아파트를 1억 원에 매각한다면, 시가와 매매가의 차이인 4억 원에서 시가의 30%인 1억 5천만 원을 차감한 2억 5천만 원에 대하여 아들에게 증여세를 부과한다. 반대로, 이 아파트를 아들에게 10억 원에 매각한다면 아들이 아버지에게 비싸게 매입한 금액만큼을 증여한 것으로 보아 시가와 매매가액의 차이인 5억 원에서 시가의 30%인 1억 5천만 원을 차감한 3억 5천만 원에 대하여 아버지에게 증여세를 부과한다.

나. 특수관계가 없는 경우

증여재산가액 = 시가 - 매매가 - 3억 원

예시 시가가 5억 원인 아파트를 친구에게 1억 원에 매각한다면 서로 특수관계가 없으므로, 시가와 매매가액의 차이인 4억 원에서 3억 원을 무조건 차감한 후 잔액 1억 원에 대해서만 증여세를 부과한다.

(3) 부동산이나 금전의 무상사용

아버지의 토지 위에 아들이 건물을 신축하여 임대하는 경우나 아버지가 아들에게 금전을 무상으로 빌려주는 경우(담보로 제공하는 경우 포함)와 같이 특수관계자의 부동산이나 금전을 무상이나 저가로 사용한다면 일정한 이익만큼 증여된 효과가 있으므로 증여세를 부과한다. 이때 일정한 이익이란 토지에 대한 임대료나 대여금에 대한 이자상당액을 의미한다.

(4) 증자 등

세법은 기업의 주식가치에 대한 적정한 시가를 산정하는 방법에 대하여 규정하고 있는데 이것을 일정액 이상 벗어나서 증자하는 경우에는 주주 간에 서로 증여효과가 발생한다.

예를 들어 아들이 운영하고 있는 회사의 주식이 세법에 따른 1주당 평가액 즉, 시가는 5천 원임에도 불구하고, 아버지가 1주당 5만 원으로 증자를 하고 아들은 이 증자에 참여하지 않았다. 이런 경우에는 아버지가 아들에게 1주당 약 4만 5천 원씩 증여한 효과가 있다고 보아서 증여세를 부과하는 것이다.

증자뿐만 아니라 감자나 합병 등의 경우에도 이와 같은 증여문제가 흔히 발생할 수 있다.

(5) 그 밖의 재산가치 증가

부동산업무 담당 공무원인 아버지가 몇 년 뒤에 특정 부동산이 개발될 것을 미리 알고 아들에게 현금 1억 원을 증여하여 해당 부동산을 매입하도록 한 후, 5년 내에 해당 부동산의 가치가 증가했다면 그 증가분에 대하여 일정액을 증여세로 부과한다. 물론, 부동산 매입자금으로 증여한 1억 원도 증여세 부과대상이다.

즉, 미성년자 등 자력으로 해당 행위를 할 수 없다고 인정되는 자가 재산을 증여받거나 취득한 후 5년 내에 그 재산의 가치가 증가하게 된 특정 사유(예: 개발사업의 시행, 회사의 상장이나 합병 등)가 발생했다면, 그 가치의 증가분 중 일정액에 대해 증여세를 부과한다는 것이다.

증여추정과 증여의제

예금이나 부동산 등의 증여처럼 직접적인 증여행위나 부동산 무상사용 등의 간접적인 증여행위 외에 과세당국은 다음에 대하여도 증여로 추정하거나 의제할 수 있다.

여기서 증여로 추정한다 함은 세무당국이 일단 증여로 추정하기는 하지만, 납세자가 반대 증거를 제시하면 증여세를 부과하지 않는다는 의미이며, 증여로 의제한다는 것은 납세자가 아무리 반대 의견을 제시한다고 해도 무조건 증여세를 부과한다는 의미이다.

(1) 배우자 등에게 양도한 재산의 증여추정

배우자나 직계존비속에게 재산을 양도한 후, 양도소득세를 신고하면 세무당국은 이를 양도로 보지 않고 일단 증여로 추정하게 된다. 물론, 추정하는 것에 불과하므로 납세자가 금융거래 등으로 매매대가를 실제로 지급한 사실을 증명한다면 양도를 인정하여 증여세를 부과하지 않는다.

또 친인척 등에게 양도했던 재산을 3년 이내에 당초 양도자의 배우자나 직계존비속에게 다시 양도하는 경우에는 당초 양도자가 그의 배우자나 직계존비속에게 직접 증여한 것으로 추정한다. 물론, 이 경우에도 금융거래 등으로 매매대가의 지급사실 등을 입증한다면 증여가 아닌 양도로 본다.

이 규정들은 양도의 형식을 빌려 증여세를 회피하는 행위를 방지하는 데 목적이 있다.

(2) 재산취득자금 및 채무상환자금의 증여추정

직업, 연령, 소득이나 재산 상태 등에 비추어 볼 때 자력으로 특정 재산을 취득하거나 채무를 상환했다고 보기 어려운 경우, 그 자금 출처를 입증하지 못한 금액에 대해서는 증여세를 부과한다.

일반적으로는 과세당국이 부동산의 취득이나 예금가입 및 부채상환에 대하여 물어 오면, 납세자는 재산매각이나 소득세 등의 세금신고내역 및 차입사실 등으로 소명을 하게 된다.

자금의 출처를 소명하지 못한 금액이 취득재산가액 또는 채무상환금액의 20%와 2억 원 중 작은 금액에 미달하는 경우에는 증여세를 부과하지 않는다. 그런데 이 규정은 증여추정의 적용여부에 대한 판단기준에 불과하며, 이 기준금액을 초과하는 경우에는 취득재산가액 등 전액에 대하여 소명하여야 한다는 점에서 전체금액의 20%와 2억 원 중 적은 금액을 무조건 차감하여 과세하는 추정상속재산과는 다른 것이다.

자금의 출처를 밝히지 못했다 하여 증여세를 부과하는 이 규정은 다소 무리가 있어 보인다. 그럼에도 불구하고 납세자는 자금출처에 대한 사실 및 그 증빙서류에 대한 접근성에 있어 세무당국보다 유리한 위치에 있으므로, 납세자에게 그 입증책임을 전가하는 의미라고 할 것이다.

한편, 세무당국은 연령 등을 고려하여 과거 10년 동안의 재산취득액이나 채무상환액이 다음의 기준금액에 미달하는 경우 이러한 증여추정규정을 적용하지 않는다. 만약, 이 기준금액에 미달함에도 불구하고 자금소명요청을 받는다면 거부할 수도 있는 것이다.

(단위: 원)

구분	재산취득		채무상환	총액한도
	주택	기타재산		
1. 세대주인 경우				
㉮ 30세 이상인 자	2억 원	5천만 원	5천만 원	2억 5천만 원
㉯ 40세 이상인 자	4억 원	1억 원	–	5억 원
2. 세대주가 아닌 경우				
㉮ 30세 이상인 자	1억 원	5천만 원	5천만 원	1억 5천만 원
㉯ 40세 이상인 자	2억 원	1억 원	–	3억 원
3. 30세 미만인 자	4.9%		21.8%	43.8%

(출처: 상속세 및 증여세 사무처리규정)

그러나 비록 위의 기준금액에 미달하더라도 세무당국이 개별 증여금액을 파악하거나 입증할 경우, 증여세를 과세할 수 있다는 사실에 주의해야 한다.

특히, 세무당국은 소득지출분석시스템(일명 PCI 분석시스템)을 도입하여 기존에 확보하고 있던 소득 및 재산에 대한 현황자료와 소비지출자료를 개인별로 비교 분석하여 탈세 여부를 파악한다. 즉, 재산이 급격히 증가하거나 잦은 해외 여행 등 소비지출액이 큰 경우에는 세금신고자료 및 재산현황정보를 바탕으로 세무조사 실시대상을 선정하여 그 자금의 출처 등을 묻는 것이다.

한때, 어느 지방국세청이 원천징수된 이자소득 신고자료를 역산하는 방법으로 예금잔액을 추정해서 자금출처조사를 대대적으로 실시하였고, 그 성과에 고무된 다른 지방국세청들은 이런 방식의 세무조사를 확대하기도 하였다.

이 집을 산 자금의 출처를 밝혀 주세요.

(3) 명의신탁재산의 증여의제 등

등기나 명의개서 등을 필요로 하는 재산(부동산의 경우에는 부동산실명제법의 적용을 받으므로 제외)을 실제소유자가 다른 사람 명의로 등기나 명의개서 등을 한 경우에는, 실제소유자가 명의자에게 증여한 것으로 간주하여 실질소유자에게 증여세를 부과한다.

이러한 명의신탁재산의 증여의제 규정은 비상장주식에서 많이 발생하는데, 과점주주의 2차 납세의무 회피나 취득세 절세목적 등을 위해 타인의 명의로 비상장주식을 유지하는 사례가 대표적이다.

참고로, 주식을 차명으로 유지하면 증여로 간주되어서 무조건 증여세가 부과되는 것과 달리(증여의제), 예금을 차명으로 소유하면 일단 증여로 추정될 뿐이므로(증여추정) 차명계좌임을 증명한다면 증여세가 부과되지는 않는다. 그러나 2014년 11월 29일부터 시행되고 있는 금융실명법에 따라 5년 이하의 징역이나 5천만 원 이하의 벌금을 물어야 할 수도 있으므로 주의하여야 한다.

이외에도 특수관계회사로부터 일감을 몰아 받거나 사업 기회를 제공받는 거래 및 결손법인인의 자산수증이익 등에 대해서도 증여이익으로 간주하여 과세한다.

 하나 더

금융정보분석원(FIU)에서는 1일 2천만 원 이상의 현금거래(CTR, Currency Transaction Reporting System)와 불법재산으로 의심되는 입출금 거래(STR, Suspicious Transaction Report)에 대한 자료를 금융기관으로부터 제공받은 후, 이를 분석하여 증여세 등을 탈세할 가능성이 있어 보이는 내용은 세무당국에 통보하여 세무조사 자료로 활용할 수 있도록 하고 있다. 특히 최근에는 기업에 대한 세무조사를 할 때도 금융정보분석원으로부터 대주주나 대표이사 등의 개인자금거래 내역을 무조건 제공받아서 과세자료에 활용하도록 하고 있다.

———— Bonus Tip ————

증여재산이나
상속재산의 평가방법

증여 및 상속재산이 예금이나 상장주식일 경우에는 객관적인 가치 산정이 쉬운 반면, 부동산이나 비상장주식이라면 그 가치의 객관성에 대해 논란의 여지가 많다. 따라서 세법에서는 가치평가의 현실적인 어려움에 대해 보완하는 여러 규정들을 두고 있다. 그 내용들을 개략적으로라도 이해한다면 증여와 상속의 절세전략에 도움이 될 것이다.

증여세나 상속세가 부과되는 재산의 평가는 증여일(증여등기 접수일) 또는 상속개시일 현재의 시가에 따른다. 여기서의 시가란 불특정 다수인 사이에 자유롭게 거래가 이루어지는 경우에 통상적으로 성립된다고 인정되는 가액을 의미하되, 수용가격이나 공매가격 및 감정가격 등도 포함한다. 이때, 시가에 포함되는 감정가격 등이란 증여재산의 경우에는 증여일 전 6개월부터 증여일 후 3개월(상속의 경우에는 상속개시일 전후 6개월, '평가기간'이라 한다) 이내의 기간(단, 유사매매사례가액으로 자진신고를 하는 경우에는 신고일까지) 중에 있는 다음의

가액을 말한다.

- ▶ 해당 재산에 대한 매매사실이 있는 경우: 거래가액(매매계약일 기준이며, 상장주식은 평가 기준일 전후 2개월 종가 평균액)

- ▶ 해당 재산에 감정평가액이 있는 경우: 감정평가액

- ▶ 해당 재산에 수용·경매·공매가 있는 경우: 보상가액·경매가액·공매가액

- ▶ 해당 재산과 면적·위치·용도·종목 및 기준시가가 동일하거나 유사한 다른 재산의 매매 사례 등이 있는 경우: 매매사례가액, 감정평가액, 보상가액·경매가액·공매가액

다만, 평가기간에 해당하지 않더라도 평가기준일 전 2년이 되는 날부터 상속세 신고기한 후 9개월(증여세는 6개월)까지 매매가액 등에 대해서 평가심의위원회의 심의를 통하여 시가를 정할 수 있다.

현실적으로는 위와 같은 시가산정이 곤란한 경우가 많아 세법에서는 보충적인 평가방법들을 적용하도록 하고 있다. 그 개략적인 내용은 다음과 같다.

- ▶ 토지: 개별공시지가

- ▶ 일반건물: 건물의 구조·용도 등을 고려하여 매년 국세청장이 1회 이상 고시하는 가격(산정방법을 고시하는 것으로 실무적으로는 개별 자산별로 별도 평가하여야 함)

- ▶ 오피스텔 및 상업용 건물: 국세청장이 고시하는 가격(고시가격이 없는 경우에는 토지와 일반건물의 평가방법에 따라 평가한 가격으로 함)

- ▶ 주택: 국토교통부장관이나 지방자치단체장이 고시한 주택가격(주택의 고시가격보다 부수토지의 개별공시지가가 더 큰 경우에도 주택고시가격으로 평가함)

- ▶ 비상장주식: 증여일 또는 상속개시일 현재의 순자산가치와 최근 3년간 순손익액을 바탕으로 산정한 순손익가치를 일정 비율로 가중평균한 가액(총자산에서 주식이 차지하는 비율이 80% 이상인 법인 등은 순자산가치로만 평가함). 단, 최대주주가 보유한 주식은 이 평가액에 10~30%를 할증해야 하나 현재, 중소기업은 제외되고 있으며 부동산 임대업도 이 중소기업에 해당한다.

단, 임대차계약이 체결되어 있는 재산의 경우 임대료에 의하여 환산한 평가액이 보충적평가액보다 더 큰 경우에는 그 가액으로 한다.

한편 저당권이나 전세권 등이 설정된 재산의 경우, 위 방법들(시가평가액 포함)에 따라 평가한 가액보다 해당 재산이 담보하는 채권액이 더 클 때는 그 채권액으로 평가한다.

이 외에도 금전을 정기적으로 반복해서 받는 정기금에 대해서는 기간이 정해진 경우라면 그 기간 동안 받을 금액의 현재가치로 하고, 기간이 정해지지 않은 경우에는 1년분 정기금의 20배수로 하며, 종신연금처럼 종신형 정기금은 기대여명까지 받을 각 연도 정기금의 현재가치로 평가한다. 단, 정기금의 수령권자가 해약할 수 있는 경우에는 이 평가액과 해약일시금 중 큰 것으로 한다.

한편, 납세자의 편의를 위하여 국세청에서는 부동산과 상장주식에 대하여 사전에 스스로 평가해 볼 수 있는 서비스[www.hometax.go.kr(홈택스) 상속 · 증여재산 평가하기]를 제공하고 있다. 이것이 절대적인 가격이라고 할 수는 없지만 평가의 지침이 될 수 있는 유용한 정보이므로 실무적인 활용도가 높다.

🔑 **하나 더**

> 토지 및 일반적인 수익형 부동산 등은 유사매매사례가액을 찾기가 어려우므로 기준시가로 평가되나, 아파트의 경우에는 규격화되어 있어서 유사한 부동산의 매매가 빈번하므로 국토교통부에서 공개하는 실거래가를 적용하여 상속세와 증여세를 납부하게 된다.
>
> 그러나 비록 아파트라고 하더라도 소규모 단지나 대형 평형 등을 이유로 거래가 빈번하지 않은 경우라면 실거래가를 확인해 보고 유사한 매매사례가 발생하기 전에 가급적 빨리 상속세나 증여세를 자진신고하는 것이 유리할 수도 있다.
>
> —— Bonus Tip ——

Chapter 02

증여세
절세전략

증여시기와
증여행위를 분산하자

절세노트

증여세의 가장 큰 특징은 증여자별·수증자별로 10년간 합산하여 과세한다는 것이다.
따라서, 누진세율 구조인 증여세를 줄이기 위해서는 여러 명에게 10년 단위로 분할하
여 증여하는 것이 효과적이다.

심층분석

증여세를 수증자별로 과세한다는 의미는 아버지가 여러 자녀들에게 각각 증
여를 한다면 그 재산들을 모두 합산하는 것이 아니라 자녀들이 각자 받은 재산
별로 증여세율을 적용한다는 의미이다. 한편, 증여자별로 과세한다는 의미는 증
여자인 할아버지와 아버지로부터 각각 증여를 받았다면 할아버지로부터 증여받
은 재산과 아버지로부터 증여받은 재산을 모두 합산하지 않고 각각에 대해서 증
여세율을 적용한다는 의미이다.

이렇게 증여자별·수증자별로 각각 과세하게 되면 증여재산이 커질수록 높은 세율을 적용받게 되는 구조에서는 절세전략에 절대적으로 유리하다. 이것은 상속세가 피상속인이 남긴 모든 상속재산을 하나의 과세대상으로 해서 누진세율을 적용함에 따라 세금부담이 급증하는 것과 비교하여 증여세가 가지는 가장 중요한 특징이면서 장점이다.

낮은 증여세율을 적용받기 위해서 증여자와 수증자는 재산을 여러 차례로 분할하여 증여하려는 유혹이 생길 수도 있다. 그러나 세법에서는 이를 무한정 허용할 수는 없으므로 동일인(직계존속인 경우에는 그 배우자 포함)으로부터 증여를 받은 재산이 10년 동안 1천만 원 이상인 경우에는 모두 합산하여 과세하도록 함으로써 분산을 통한 증여세 회피효과를 어느 정도 감소시키고 있기는 하다.

예를 들어, 성인인 아들이 아버지로부터 1억 원의 증여를 받았다면 증여세로 485만 원[= (100,000,000원 - 증여재산공제 50,000,000원) × 10% × (1 - 신고세액공제 3%)]만 납부하면 된다. 하지만, 9년 전에 이미 어머니로부터 1억 원의 증여를 받았다면 이번에 아버지로부터 증여받은 재산 1억 원에 합산하여 추가된 증여세액을 신고납부해야 한다.

즉, 9년 전 어머니로부터 1억 원을 증여받을 당시에 증여세 485만 원을 이미 납부하였지만, 이번에 아버지로부터 또 1억 원을 증여받을 때 납부할 증여세는 485만 원이 아니라 1,455만 원[= (200,000,000원 - 증여재산공제 50,000,000원) × (10%, 20%) × (1 - 신고세액공제 3%) - 기납부세액 500만 원]이 되는 것이다. 결국 어머니와 아버지로부터 증여받은 2억 원에 대한 증여세는 총 1,940만 원이 되었다. 이렇게 증여세가 급증한 이유는 증여재산이 증가함에 따라 누진세율이 적용되었기 때문이다.

이는 아들이 부모로부터 증여받은 재산 2억 원에 대하여 각각 1억 원씩 증여받은 것으로 보지 않고 2억 원을 한꺼번에 증여받은 것으로 본다는 뜻이다. 각각 1억 원씩 증여받은 것으로 볼 때는 증여세율 10%가 적용되지만, 2억 원을 한꺼번에 증여받은 것으로 볼 때는 추가되는 1억 원에 대해서는 20%의 증여세율이 적용된다.

이렇게 증여세는 증여자별·수증자별로 증여재산을 10년 동안 누적하여 합산하므로 10년 이상의 기간 동안 여러 명에게 분산할수록 세부담은 줄어들 것이다. 이것을 아버지가 자녀들에게 20억 원을 증여하는 다음의 3가지 방법을 통하여 좀 더 자세히 살펴보자.

▶ 방법1) 아들에게만 20억 원을 한꺼번에 증여하는 방법

▶ 방법2) 아들과 딸에게 각각 10억 원씩 증여하는 방법

▶ 방법3) 아들과 딸에게 지금 5억 원씩 증여하고, 10년 뒤에 한 번 더 5억 원씩 증여하는 방법

(단위: 원)

구분	방법1	방법2	방법3
1회당 증여재산	2,000,000,000	1,000,000,000	500,000,000
증여재산공제	50,000,000	50,000,000	50,000,000
과세표준	1,950,000,000	950,000,000	450,000,000
산출세액	620,000,000	225,000,000	80,000,000
신고세액공제	18,600,000	6,750,000	2,400,000
납부세액	601,400,000	218,250,000	77,600,000
증여건수	1건	2건	4건
총 증여세액	**601,400,000**	**436,500,000**	**310,400,000**

이처럼 아버지가 자녀에게 20억 원을 증여할 경우, 그 시기와 방법에 따라 약 2배의 증여세 차이가 나는 것을 알 수 있다.

따라서, 증여세를 줄이기 위해서는 여러 명의 자녀들에게 10년 이상의 기간 동안 여러 번 나누어서 증여할수록 유리하다. 위의 예시에서는 10년 단위로 2회에 걸쳐 증여하는 경우를 보았지만, 더 오랜 기간 동안 서너 차례 이상으로 나누어 증여한다면 전체 증여세는 더욱더 줄어드는 효과를 얻을 것이다.

증여하는 재산의 종류에 따라
절세효과가 다르다

절세노트

금융상품이나 아파트보다는 토지나 수익형 부동산이 시가 반영률이 낮아서 증여세 절감에 유리하다. 시가 대비 기준시가 비율이 작을수록 절세효과는 커지며 임대수익이 클수록 자녀의 자금출처조사 대비에도 유리하다. 다만, 증여받은 자녀는 양도소득세 부담이 커질 수 있으므로 장기간 보유하는 것이 바람직하다.

심층분석

증여세를 줄이기 위해서는 예금 등의 금융상품보다 부동산이 일반적으로 유리하다. 이는 부동산이 금융상품에 비해서 시가 반영률이 낮기 때문인데, 그중에서도 아파트는 대체로 시가에 가깝게 평가되므로 다른 유형의 부동산들이 적합하다.

결국, 자녀에게 증여하면서 증여세 절감에 유리한 부동산은 시가반영 비율이 낮거나 임대수익이 큰 것이 바람직하며, 향후에 가치상승까지 기대되는 부동산이라면 더욱 바람직할 것이다.

A 씨의 경우를 보면 이러한 사실이 분명하게 나타난다. 재력가 A 씨는 아들에게 현금 10억 원을 증여하려다 2억 2천만 원가량의 증여세를 내야 한다는 말에 낙담하고 있었다. 이 사실을 알게 된 A 씨 아들은 증여세를 열심히 공부하여 다음과 같은 계획을 실행하였다.

즉, A 씨는 아들에게 증여하려던 현금 10억 원으로 자신이 직접 시가 20억 원인 상가를 은행대출금 6억 원과 임대보증금 4억 원을 포함하여 매입하였다. 그리고, 2년이 지난 뒤 이 상가를 은행대출금과 임대보증금을 포함하여 아들에게 증여하였다. 이 상가에 대한 증여세는 어떻게 계산되었을까?

증여시점 상가의 시가를 파악하기 어려운 세무당국은 보충적(대체적)인 방법인 기준시가를 적용하기로 했다. 이 상가는 비록 2년 전에 A 씨가 20억 원에 매입하였지만 증여시점의 기준시가는 15억 원에 불과하다. 따라서, 증여재산을 15억 원으로 보고 부채 10억 원(은행대출금 6억 원, 임대보증금 4억 원)을 차감한 5억 원에 대한 증여세 9천만 원만을 산출하였다. 또 상가의 취득가액은 20억 원으로 증여가액 15억 원에 대한 양도차익이 발생하지 않았기 때문에 부담부증여에 해당하는 A 씨의 양도소득세도 산출되지 않았다.

A 씨 아들은 부동산의 공시지가가 대체로 시가의 70~80% 수준인 점을 이용하여 레버리지 효과를 최대한 이용한 것이다. 부동산의 시가가 클수록 공시지가와의 금액 차이는 더 커지므로 이 효과 또한 더욱 커진다. 따라서, 증여할 현금으로 구입하는 부동산이 더 큰 금액일수록 증여세 절세효과는 더욱 극대화된다.

결과적으로 현금 10억 원을 증여하는 것보다 약 1억 3천만 원의 증여세를 절감했다. 물론 상가를 취득하였다가 다시 증여하면서 취득세를 두 번 낸 불이익은 있으나, 임대소득을 아들에게 이전한 효과까지 고려하면 감내할 만한 수준이라고 판단한 것이다.

여기서 A 씨는 상가를 매입하고서 증여세 평가기간인 3개월만 경과한 후에 즉시 아들에게 증여하지 않고 2년이 경과되기를 기다렸다가 증여했다. 이는 비록, 평가기간인 3개월 내의 매매가액이더라도 2년 전까지의 매매가액에 대해서는 재산평가심의위원회의 심의를 거쳐서 시가로 볼 수도 있기 때문에 이 대상기간을 벗어나기 위한 것이었다.

한편, 세월이 흘러서 A 씨의 아들이 이 상가를 다시 처분한다면 양도소득세 산정을 위한 취득가액은 A 씨의 취득가액 20억 원이 아닌 증여 당시 평가액 15억 원이므로 양도차익이 커지는 단점이 있다. 따라서 A 씨 아들이 오랫동안 보유하여 장기보유특별공제를 충분히 받거나 양도소득세 감면 등의 혜택을 받을 수 있는 부동산이면 더욱 좋다.

 하나 더

개별공시지가는 매년 1월 1일을 기준으로 하여 같은 해 5월 31일에 고시된다. 만약 1월부터 5월 사이에 증여가 이루어진다면 당해 1월 1일 기준의 개별공시지가가 발표되기 전이므로 직전 연도의 개별공시지가가 증여재산가액이 된다. 따라서 토지 가격이 급증하는 상황이라면 이 기간 중에 증여하는 것이 유리하다.

——— Bonus Tip ———

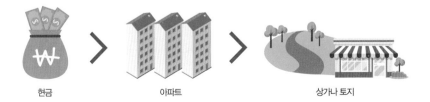

현금 > 아파트 > 상가나 토지

세무조사를
대비하는 습관이 필요하다

절세노트

증여세 조사는 금융거래조사에서 시작된다고 해도 과언이 아니다. 취득한 재산이나 상환한 부채의 자금출처 및 지난 10년간 금융거래내역에 대한 증빙자료들을 포털사이트의 클라우딩 서비스에 저장하는 방법 등으로 평소에 관리하는 습관이 필요하다.

특히, 타인으로부터 차입한 자금이라고 소명하려면 비록 소액이더라도 정기적인 금융거래를 통해 이자를 지급해 두는 것이 좋다.

심층분석

중소기업을 운영하고 있는 A 씨는 최근 불황이 지속됨에 따라 회사가 부도날 경우 가족들의 생계가 걱정되었다. 특히, 회사의 모든 금융차입금에 대해 대표이사로서 A 씨가 연대보증을 한 상태라 더욱 불안해하고 있다.

결국, 함께 고민하던 부인에게 자신의 아파트와 예금을 합하여 총 10억 원 상당의 재산을 증여해 두기로 하였는데, 배우자에 대한 증여재산공제 6억 원을 적용한 후에 실제로 납부할 증여세 약 7천만 원은 감내할 만하다고 생각했던 것이다.

그러나 문제는 증여세 신고 이후에 발생하였다. 담당 세무공무원은 신고한 10억 원에 대한 증여세를 조사하면서 과거 10년간 예금거래내역을 살펴보게 되었고, 이 과정에서 발견된 특이한 거래들에 대해 소명을 요청한 것이었다.

세무공무원으로부터 소명요청을 받은 내용에는 매우 사소한 거래까지 포함되어 있었고, 부인과 A 씨가 수년 동안 무심코 거래했던 자금까지 다시 들춰지는 상황에 놀라울 따름이었다. 더욱 큰 문제는 남편을 위해 일시적으로 사업자금을 융통하면서 친정과 거래했던 자금거래들인데, 실제로는 증여나 상속이 아니었음에도 불구하고 기억나지 않거나 보관된 증빙자료가 없어 소명하기 매우 어렵다는 점이었다.

다행히 A 씨 부인의 경우 다소 억울한 부분도 있었지만 세무대리인의 도움을 받아 원만하게 세무조사가 마무리되었다.

이 사례처럼 증여세 세무조사는 일단 신고한 증여거래를 중심으로 조사를 시작하지만 합산대상기간인 과거 10년 동안 다른 재산의 증감내역에 대해 살펴보는 경우도 있다. 소득신고내역 등에 비하여 현재의 재산 상태가 비합리적이면 더욱더 그러하게 된다.

세무당국으로부터 부동산 취득이나 예금가입 및 부채상환 자금의 출처에 대해 소명을 요청받게 되면 대부분의 사람들은 자신의 연봉 등 소득신고내역을 제출하면 된다고 생각한다. 예를 들어, 부동산 취득금액 10억 원의 자금출처 소명 요청에 대해서 지난 20년간의 급여소득신고내역이 세후 15억 원이나 되니 부동산 10억 원은 충분히 사고도 남는 것이 아니냐는 논리인 것이다.

그러나 과세당국은 이 급여소득 15억 원이 해외여행이나 생활비 등 어디에 쓰였는지 확인할 수 없기 때문에 부동산 취득자금에 대한 소명이라고 인정하지 않는다. 결국, 부동산 취득자금이 어느 계좌에서 인출되었고 그 계좌의 원천은 무엇인지에 대해 합리적인 수준까지 금융거래로써 소명이 되어야 한다. 이때 소득세 신고서는 부수적으로 이를 뒷받침하는 자료에 불과한 것이다.

운이 좋은 경우에는 소득이나 상속·증여에 대한 세무신고가 누락된 자금이라고 하더라도 제척기간(일반적으로 7년과 15년)이 경과해 버려서 소득세 등은 과세되지 않으면서 자금출처소명은 가능한 상황도 있다.

그렇다면, 소명을 위해서는 소득신고내역과 재산취득금액 모두 금융거래로써 추적이 가능해야 하는 것일까?

기본적으로는 금융거래 건별로 대응되어야 하겠지만 개인별 거래성향이나 직업 및 생활환경 등에 따라 상황이 다양하므로 반드시 금융거래로써 소명될 수만은 없을 것이다. 다만, 사회통념을 벗어난 수준의 현금거래를 소명하려면 이를 뒷받침할 만한 좀 더 구체적인 증빙서류들이 필요하다.

예를 들어, 최근 구입한 부동산의 자금출처 소명요청에 대해 오랫동안 가입한 계모임에서 목돈을 현금으로 수령했다고 주장하면서 해당 계모임의 구성내역과 규모 등 계모임의 실체를 뒷받침할 만한 증거와 함께 해당 계모임 주관자의 금융거래를 제출한 사례도 있다. 또 늦은 밤에 과외를 부업으로 했던 수학강사의 경우에는 낮밤이 바뀐 생활패턴 때문에 현금으로 수령한 교습비를 은행에 예치하지 못하고 개인금고에 보관할 수밖에 없었던 사정과 교습사실을 알 수 있는 자료를 제출하기도 하였다.

한편, 많은 사람들이 세무조사를 받을 때 자금 출처나 지출용도에 대해 지인으로부터 차입하거나 대여했다고 주장하면서 차용증을 그 증거로 제출하기도 한다. 차용증은 당사자끼리 미리 통정하여 언제라도 소급 작성할 수 있는 문서이므로 그 증거력을 인정받기 어렵다. 이 차용증의 신뢰성을 높이려면 적어도 그 이자를 수수한 내용만이라도 금융기관을 통해 거래해 두는 것이 좋다. 물론, 이 과정에서 이자를 받은 사람의 이자소득세가 추징되거나 지급한 사람의 원천징수불이행가산세가 부과될 수는 있지만 차입한 원금 자체에 대해 증여로 오해를 받아 거액의 증여세를 내야 하는 상황만은 피할 수 있는 것이다.

그러면, 이자는 언제 얼마를 주고받아야 할까? 부동산 무상사용과 달리 금전대여에 따른 이자소득은 부당행위부인규정을 적용하지 아니하므로 증여세법의 규정만 주의하면 된다. 즉, 특수관계자로부터 무상이나 저리로 차입한 이익이 1년 동안 1천만 원 이상인 경우에 증여세를 부과하도록 하고 있다. 따라서 세법에서 정한 적정이자율(현재는 연 4.6%)에 의한 이자만큼 수수하되, 그 시기는 특정되어 있지 않으므로 사회통념에 맞는 시점(월별, 분기별, 반기별 또는 매년)마다 거래하면 된다. 만약, 적정이자율이 부담스럽다면 연 1% 등 더 낮은 이자율로라도 반드시 금융거래를 해 두는 것이 필요하다.

한편, 세무조사 시 과거 10년간의 금융거래내역을 바탕으로 특정한 입출금거래에 대해 소명요청을 하는 경우는 실무에서 흔히 발생하므로 불필요한 오해가 생길 만한 거래는 자제하고, 금융거래에 소명이 필요한 내역이 있으면 평소에 메모를 해 두거나 관련 증빙서류를 잘 보관하는 것이 필요하다. 이때 보완적으로 포털사이트의 클라우딩 서비스에 사진 등의 형태로 보관해 두면 편리하고 아주 유용한 경우가 많다.

 하나 더

주택을 구입하게 되면 등기를 하면서 세무당국에 그 사실이 쉽게 노출되므로, 자녀에게 신혼집을 구입해 주는 대신 고가의 전세계약을 체결해 주는 부모들이 늘고 있다. 그러나, 최근 수도권을 중심으로 고가의 전세계약에 대해서도 확정일자 등의 행정자료를 바탕으로 자금출처조사가 진행되고 있음을 유념해야 할 것이다.

실무적으로는 자녀의 주택구입자금 등에 대한 소명요청은 상속세 조사과정에서 발생하는 경우가 대부분이다. 즉, 초고가의 신혼집이 아니고서는 과세당국이 모든 젊은 부부의 주택구입자금을 선제적으로 살펴보기가 현실적으로 어려우며, 부모님이 돌아가신 후에 과거 10년 동안 금융거래내역 등을 조사하는 과정에서 비로소 주택구입자금의 출처를 묻는 경우가 일반적이다.

———— Bonus Tip ————

빌린 돈이라면 이자를 통장으로 준 내역이 있어야지.

세무공무원

증여나 상속 후에
즉시 매매하거나 담보제공을 주의하자

절세노트

부동산의 시가평가 시, 평가대상기간에 거래가액이나 감정가액이 존재하게 되면 그것을 시가로 보아서 과세하므로 증여세(상속세) 부담이 증가하게 된다. 따라서 이 기간 동안 매매를 하거나 대출목적 등으로 담보를 제공하는 것은 피해야 한다.

심층분석

중소기업을 운영하는 A 씨는 최근 경기가 나빠져서 사업자금에 충당하고자 경기도에 소재하는 어머니 소유의 토지를 증여받고, 즉시 증여세를 신고한 후 인근의 부동산에 매각을 의뢰하였다.

뜻밖에도 부동산 중개업자는 매수자를 찾아보겠지만, 매수자가 당장 있다 하더라도 매매계약 체결을 뒤로 미루는 것이 좋겠다고 조언했다. 왜 그럴까?

아파트를 제외한 대부분의 부동산은 증여일 전 6개월부터 증여일 후 3개월(상속의 경우 상속개시일 전후 6개월, 이하 평가대상기간이라 함)의 기간 동안 매매나 감정평가 등이 이루어지지 않고, 유사매매사례가액도 형성되기 어렵기 때문에 기준시가 등으로 증여세(또는 상속세)를 신고하게 된다. A 씨도 어머니로부터 증여받은 토지를 개별공시지가로 평가하여 증여세를 자진신고했던 것이다. 이러한 개별공시지가 등은 실제로 거래되는 시가보다 현저히 낮은 것이 일반적이므로 자진해서 납부하는 증여세 또한 작아지게 된다.

증여(상속)받은 부동산을 이용하여 세금납부 재원이나 A 씨처럼 사업자금을 마련하기 위하여 매각을 하거나 담보제공 후 대출을 받으려는 경우가 종종 있다. 문제는 매각을 하게 되면 그 부동산에 대한 매매가격이, 담보를 제공하게 되면 감정평가액이 형성되는데, 평가대상기간에 매매 등이 이루어지면 기준시가로 신고한 기존의 증여세(상속세)를 부인하고 매매가액이나 감정평가액으로 과세되어 세금이 급증할 수도 있어 주의가 필요하다.

또 비록 평가대상기간을 벗어난 시점이라고 하더라도 증여일(상속개시일) 전 2년부터 신고기한 경과 후 6개월(상속은 9개월) 사이의 기간에 매매 등이 된다면 재산평가심의위원회의 심의를 거쳐서 그 매매가액 등으로 과세할 수도 있다. 여기서 매매가액 등이 형성된 날은 일반적인 권리 이전일인 등기일(대체로 잔금일)이 아닌 계약서 체결일을 기준으로 하는데, 이때 거래가액이 확정되기 때문이다.

A 씨의 경우에는 증여일로부터 최소한 3개월이 지나야 하고, 더 안전하게 진행하기 위해서는 증여세 신고기한으로부터 다시 6개월이 경과한 후에 매매 등을 하는 것이 바람직하다.

한편, 매매가액이나 감정가액으로 증여세(상속세)가 부과되면 양도소득세가 없거나 줄어드는 장점이 있다. 증여세나 상속세를 부과한 평가기준액이 해당 자산의 양도차익 계산 시의 새로운 취득가액이 되기 때문이다. 예를 들어, 증여일로부터 3개월 이내에 매각한다면 그 거래가액이 증여세 과세가액이면서 양도소득세 산정을 위한 취득가액임과 동시에 양도가액이 되므로 증여세는 증가하지만 양도소득세는 부과되지 않는 것이다.

05

납부할 세금이 없더라도
세금신고는 미리 해 두자

증여재산가액(상속재산가액)이 증여재산공제액(상속재산공제액)에 미달하여 납부할
세액이 없더라도 증여세(상속세) 신고를 미리 해 두면, 훗날 양도소득세나 증여세를 절
감할 수 있다.

심층분석

배우자에게 증여하는 경우에는 6억 원, 자녀와 배우자를 둔 상속의 경우에는
10억 원 이상의 재산에 대해서만 증여세나 상속세를 납부하므로 그 이하의 증여
재산이나 상속재산은 자진해서 세무신고를 하지 않는 경우가 대부분이다. 납부
할 세액이 없으면 가산세 등의 불이익도 없으므로 어찌 보면 당연하다 할 수도
있다.

그러나 경우에 따라서는 납부할 세금이 미미하거나 없더라도 상속세나 증여
세를 자진해서 신고해 둘 필요가 있다. 예를 들어, 부동산을 증여(상속)받은 후

에 양도할 계획이라면 증여세(상속세) 신고를 하는 것이 대체로 유리한데, 그 이유는 해당 부동산을 처분할 때 그 취득원가를 적극적으로 반영해서 양도소득세를 줄일 수 있기 때문이다.

증여(상속)받은 재산을 매각할 경우, 양도소득세는 양도가액에서 취득가액을 차감한 양도차익에 대해서 양도소득세율을 적용하여 산출하게 되는데, 이 취득가액은 증여(상속)시점의 평가액을 적용하게 되고 이 평가액에는 매매사례가액이나 감정가액 및 기준시가 등이 포함된다. 이 경우에 만약 증여세(상속세) 신고를 하지 않았다면 기준시가를 취득원가로 보게 되나, 증여세(상속세)를 최소화하면서 적극적으로 매매사례가액이나 감정가액을 크게 하여 이것을 증여(상속)에 의한 취득원가로 신고해 둔다면 훗날 실제로 양도할 때 증가된 취득원가에 의하여 양도차익이 작게 발생하므로 양도소득세를 줄일 수 있는 것이다.

또 자진신고기한까지 세무신고를 하지 않았다면 과세당국이 세무조사를 실시하기 전까지는 가산세를 부담하더라도 자진신고할 수 있는데 이를 기한후신고라 한다. 이 제도는 당초 자진신고하지 않았던 재산을 매각하는 시점에서 다시 따져 보니 소액의 증여세나 상속세를 납부하더라도 재산가액을 높게 평가하는 것이 양도소득세를 더 많이 줄일 수 있는 경우에 유용하다.

다만, 기한후신고를 하는 경우에는 당초에 감정평가를 해 두지 않았거나 유사매매사례가액을 찾을 수 없다면 소급감정평가를 할 수밖에 없다는 점이 아쉬운 대목이다. 자진신고기한을 지나서 나중에 소급해서 감정평가를 받은 가액은 법원에서 인정하는 판례도 있기는 하나, 과세당국은 기본적으로 이를 인정하지 않는 것이 현실이다.

또 증여나 상속받은 재산이 예금인 경우에도 미리 증여세나 상속세 신고를 하는 것이 중요할 수 있다.

예를 들어, 아버지가 아들에게 예금을 증여하고 아들은 이 돈으로 상장주식에 투자를 하여 많은 차익이 생긴 경우를 보자.

아들이 아버지로부터 예금을 증여받은 시점에 증여세 신고를 해 두었다면 주식투자차익에 대해서는 더 이상 세금을 낼 필요가 없다. 왜냐하면, 아버지로부터 예금을 받은 시점에 해당 예금은 아들의 소유임이 대외적으로 분명해졌으므로 아들이 자신의 책임으로 주식투자를 한 것이기 때문이다.

반면에 증여받은 시점에 증여세 신고를 미리 하지 않았다면 세무이슈가 복잡해지는데, 논쟁의 핵심은 아들의 명의로 된 상장주식이 실제로 아들 소유인지 아니면 아들의 명의를 빌린 아버지 소유인지를 가리는 데 있다.

만약, 실제 주인이 아버지라면 명의신탁 증여의제에 따라서 아버지에게 증여세가 부과되면서 아들에게 주식을 이전하는 소기의 목적도 달성하지 못한 결과가 되어 버린다. 반대로, 아들에게 소유권이 실제로 이전된 것으로 인정받는 경우라고 하더라도 많은 사례들에서는 주식의 운용은 아버지가 한 것으로 보고 주식매매에 따른 차익을 포함하여 증여세를 부과한 바 있다. 특히, 아들이 미성년자인 경우처럼 경제활동을 독자적으로 하기 어려운 상황에서는 이러한 판단에 더욱 힘이 실릴 것이다.

이 외에도, 증여세(상속세) 조사와 관련해서 증여자(피상속인)가 재산을 이전한 내역(사용처 조사)이나 수증자(상속인)가 재산을 취득한 내역(자금출처 조사)에 대해 세무당국으로부터 소명요청을 받는 경우도 흔하다. 이때 자진신고한 증여세(상속세)는 아주 중요한 증거자료가 되므로 명확한 증여(상속)에 대해서는 자진신고를 해 두는 것이 좋다.

한편, 납부할 세금이 산정될 규모의 증여나 상속이라면 당연히 자진해서 신고하여야 함에도 불구하고 드물게는 가산세를 부담하더라도 자진신고하지는 않겠다는 경우가 있다. 과세당국에 적발되지 않을 요행을 바라는 것일 것이다. 선택이야 각자가 하는 것이지만, 자진신고하지 않고 적발되는 경우에는 신고세액 공제(3%)를 적용받지 못한다. 그뿐만 아니라 신고불성실가산세(20% 또는 40%)가 적용되는 것 외에도 납부불성실가산세가 적용되는데 이는 미납한 기간이익에 해당하는 이자효과를 부과하는 것으로 현재는 매년 9.125%씩 적용된다. 따라서, 10년 뒤에 적발된다면 당초에 납부했어야 할 세액의 약 2배 이상이 부과된다는 사실을 기억해야 한다.

양도나 자금출처조사를
위해서 증여세 신고를
미리 해 두자.

부동산을 증여할 때는
부담부증여나 유상양도가 유리할 수 있다

절세노트

부동산을 증여할 경우, 부동산에 담보된 채무(임대보증금 포함)까지 함께 증여하거나 저가라도 유상으로 양도한다면 그렇지 않은 경우보다 세금이 절약되는 경우가 많다. 이때 수증자는 인수한 채무 부담사실을 입증할 책임과 증여자가 추가로 납부하게 될 양도소득세도 함께 고려해야 한다. 저가매매를 한다면 실제거래 사실을 입증하는 것이 중요하다.

🔍 심층분석

A 씨는 보유 중인 아파트를 아들에게 증여하고 싶지만 증여세 때문에 걱정하고 있다. 현재 A 씨가 보유 중인 아파트의 상속·증여세법상 시가는 10억 원이며 소득세법상 양도소득세 비과세 대상이다.

A 씨는 많은 고민 끝에 다음과 같은 방법들을 생각해 보았다.

▶ 방법1) 아파트를 아들에게 단순히 증여하는 방법

▶ 방법2) 아파트를 담보로 은행에서 2억 원만큼 차입한 후 이 차입금과 함께 아파트를 증여
하는 방법

▶ 방법3) 아파트를 아들에게 2억 원에 매각하는 방법

위의 각 방법에 대한 증여세를 산출해 보면 다음과 같다.

(단위: 원)

구분	방법1	방법2	방법3	비고
㉮ 증여재산가액	1,000,000,000	1,000,000,000	500,000,000	
㉯ 은행차입금		200,000,000		
㉰ 과세가액	1,000,000,000	800,000,000	500,000,000	= ㉮ - ㉯
㉱ 증여재산공제	50,000,000	50,000,000	50,000,000	
㉲ 과세표준	950,000,000	750,000,000	450,000,000	= ㉰ - ㉱
㉳ 세율	10~50%	10~50%	10~50%	
㉴ 산출세액	225,000,000	165,000,000	80,000,000	= ㉲ × ㉳

방법1은 가장 원칙적인 방법이나 세금부담이 가장 크다. 방법2는 아파트를 담
보로 2억 원을 차입하여 본인이 생활비 등으로 사용하였으므로 증여세 과세가
액은 10억 원에서 차입금 2억 원을 차감한 8억 원이 되어 방법1에 비하여 세금
이 6천만 원만큼 감소하였다.

방법2처럼 증여를 하되 증여할 재산에 담보된 채무(임대보증금 포함)를 함께
증여하는 방식을 부담부증여라고 한다. 부담부증여는 증여의 일종이긴 하나 증
여한 채무액만큼은 추후에 수증자가 상환할 책임이 있으므로 그 부분만큼은 유
상으로 양도한 것으로 보아 양도소득세를 부과하고 나머지 부분에 대해서만 증
여세를 부과하게 된다.

A 씨는 당초에 아파트를 5억 원에 취득했다고 한다. 현재 시가가 10억 원이므로 매각했을 때의 양도차익은 5억 원이 될 것인데, 시가 10억 원 중에서 아들에게 아파트와 함께 이전한 채무 2억 원에 해당하는 비율인 20%만큼을 양도한 것으로 보고, 나머지 80%인 8억 원만큼은 아들에게 증여한 것으로 보아 증여세를 과세하게 되므로 증여세가 방법1에 비하여 감소하였다. 원칙적으로 양도가액 2억 원에 해당하는 양도차익 1억 원(= 전체 양도차익 5억 원 × 20%)에 대해서는 A 씨에게 양도소득세를 부과하나 위 사례에서는 비과세 요건을 충족하여 양도소득세를 낼 필요가 없는 것이다.

위 방법1과 방법2를 비교해 보면, 양도소득세 비과세 대상인 부동산의 경우에는 항상 단순증여보다 부담부증여가 유리한 것을 알 수 있다. 비록 양도소득세가 과세되는 경우라 하더라도 방법2처럼 부담부증여를 하는 것이 일반적으로 절세전략에 유리하다. 양도소득세와 증여세 모두 과세가액이 클수록 높은 세율을 적용받는 누진세율 구조이므로, 대상 재산을 양도와 증여로 분할하면 상대적으로 낮은 세율을 적용받기 때문이다.

여기서 주의할 점이 있다. 양도차익이 크거나 양도소득세 중과세 대상이 되는 부동산의 경우에는 부담부증여를 하면 오히려 줄어드는 증여세보다 증가하는 양도소득세 효과가 더 커질 수도 있다. 따라서 두 효과를 서로 비교해서 부담부증여 여부를 선택해야 한다.

또 절세전략으로 방법2를 선택할 경우, 아파트와 함께 이전한 채무 2억 원에 대하여 실제로 아들이 원리금을 납부하고 있는지에 대해 세무당국이 전산망에 등록해서 사후관리를 한다는 점도 명심해야 한다.

한편, 방법3은 좀 더 과감하게 아파트를 시가보다 현저히 낮은 저가로 매매하는 것이다.

차라리 저가로 매매하고 증여세를 내자.

여기서 증여재산가액은 8억 원(= 시가 10억 원 − 매매가 2억 원)이 아니라 5억 원이 된다. 그 이유는 특수관계자 사이의 매매에서 그 매매가액이 시가보다 현저히 작은 경우에는 시가와 매매가의 차이에서 시가의 30%와 3억 원 중 더 작은 금액을 차감한 금액을 증여재산가액으로 보기 때문이다. 다시 말하면, 증여재산가액 5억 원= 시가 10억 원 − 매매가 2억 원 − Min(시가 × 30%, 3억 원)인 것이다.

결국 방법3은 3억 원을 자연스럽게 공제받게 되어 증여세가 방법2보다도 더욱 더 줄어들게 된 것이다. 이렇게 저가양수 및 양도 시 차감규정을 이용하면 증여세를 회피할 수 있음에도 불구하고, 이 규정이 존재하는 이유는 시가(위 사례에서는 10억 원)에 대한 객관성 논란이 항상 존재할 수 있기 때문이다. 이에 대한 완충장치의 의미가 위의 규정이라 할 수 있겠다.

그런데 방법3으로 절세전략을 세울 때도 주의할 점이 있다. 위의 사례에서는 대상 아파트가 1세대 1주택 비과세요건을 충족하여 양도소득세 과세대상이 아니므로 별다른 문제가 없었지만 만약 양도소득세 과세 대상이라면 더욱 신중을 기해야 한다.

양도소득세에서는 친인척 등 특수관계자 간의 매매가액이 시가와 5% 또는 3억 원 이상 차이가 날 경우, 그 매매가액을 무시하고 시가에 따라 계산하기 때문에 방법3에서는 매매가액이 2억 원이 아니라 10억 원이 되어 양도소득세 부담이 커지는 것이다.

이렇게 아들에게 증여세를 부과한 건에 대하여 아버지에게 또다시 양도소득세를 부과하는 것은 하나의 거래에 대하여 두 번 과세하게 되는 결과이므로 부당하다는 의견이 많으나 증여세는 양수자(아들)에게, 양도소득세는 양도자(아버지)에게 부과하므로 이중과세가 아니라는 것이 과세당국의 입장이다.

또 배우자나 직계존비속에게 양도한 거래는 과세당국이 일단 증여로 추정하므로 아들이 진정으로 아버지에게 양도대가인 2억 원을 지급했다는 사실을 납세자가 입증해야 한다. 이 과정에서 과세당국은 이 자금의 출처를 아들에게 묻게 되고 아버지에게서는 그 사용내역을 조사하게 되는데 기본적으로는 금융거래 등으로 입증되어야 하며, 일시적으로 자금이 움직였는지 여부를 살펴보기 위하여 일정기간의 전체 자금거래를 요청하기도 한다. 즉, 일시적으로 자금을 이체하는 시늉만 하면 안 되는 것이다.

🔑 하나 더

증여재산 평가액보다 인수하는 부채가 더 크면 어떻게 될까? 아파트에서는 보기 어렵지만 기준시가 등으로 평가되는 일반 부동산에서는 은행대출이 시세를 기준으로 실행되기 때문에 종종 나타나는 현상이다.

위 사례의 방법2에서 대출금이 2억이 아닌 12억이 되는 경우인데, 이렇게 되면 아들이 받는 재산보다 더 많은 부채를 인수하는 결과이므로 오히려 아버지가 수증자가 되어서 증여자산을 초과하는 부채 2억 원에 해당하는 증여세를 납부해야 한다. 이때, 아버지의 양도소득세 계산 시의 양도가액은 부채액 12억 원에서 수증액 2억 원을 차감한 10억 원이 된다.

— Bonus Tip —

임대용 부동산은
건물만 증여하는 것이 유리할 수도 있다

절세노트

토지를 제외한 건물만 증여하면서 임대차계약을 자녀로 갱신한다면 월세를 고스란히 증여하면서도 증여세는 최소화할 수 있다. 다만, 건물의 평가액이나 부가가치세 및 양도소득세 등의 쟁점이 있으므로 사전에 면밀한 검토가 필요하다.

심층분석

부동산 임대업자 A 씨는 세 아들에게 자신의 임대용 부동산을 물려주고 싶었지만 기준시가가 65억 원(토지 60억 원, 건물 5억 원)으로 증여세 부담 때문에 엄두를 못 내고 있었다.

우연히 세무상담을 받던 A 씨는 해당 부동산의 토지를 제외한 건물만 증여하고 임대차계약도 건물주인 세 아들로 갱신한다면 증여세 부담을 줄이면서도 임대수익 대부분을 증여할 수 있다는 사실을 들었다. 이에 크게 기뻐한 A 씨는 다음과 같이 실행하였는데, 자신이 증여하고자 하는 부동산은 보증금 10억 원에 매월 4천만 원의 월세 수입이 꾸준하였으며 토지를 제외한 건물만의 감정평가액은 9억 원이라는 보고를 받았다.

먼저, 증여세 신고를 하였는데 증여재산가액은 감정평가액과 임대보증금 중 큰 금액인 10억 원이지만 차감되는 임대보증금 또한 10억 원으로 증여세를 부과하는 과세가액은 결국 '0'원이 되어 납부할 증여세가 전혀 산정되지 아니하였다.

다만 임대보증금과 함께 증여하는 소위 부담부증여를 하였으므로 양도소득세를 신고해야 하는 바, 워낙 오래 전에 취득한 건물이어서 양도소득세가 2억 원이나 산정되었다. 그러나 나중에 아들들이 건물을 다시 처분할 때의 양도소득세를 줄여 줄 수 있다는 사실을 듣고 이마저도 흔쾌히 납부하였다.

결과적으로 세 아들은 월세 4천만 원을 받아서 토지이용료로 1천만 원을 아버지께 드리고 남은 3천만 원의 임대수익이 매월 생겼으면서도 증여세는 한 푼도 내지 않게 된 것이다. 이러한 세무신고에 대해서 과세당국은 두 번이나 세무조사를 실시하였지만 모두 세법을 벗어난 사실을 발견하지 못하여 추가적인 과세로 이어지지 않았다.

이렇게 A 씨처럼 토지를 제외하고 건물만 증여하면서 임대차계약도 수증자로 갱신한다면 증여세를 현저히 줄일 수도 있는데, 구체적인 실행을 위해서는 세무 전문가와 사전 검토가 반드시 필요하며 그 중요한 내용은 다음과 같다.

우선 건물의 평가액을 얼마로 볼 것인가이다. A 씨의 사례에는 감정평가액이 있었지만 그렇지 않다면 임대차계약 등을 바탕으로 건물가액을 평가해야 하는데, 이렇게 되면 건물의 평가액이 상당히 크게 배분되어서 증여세 부담이 클 수도 있다. 물론, 임대수익에 대한 **영업권평가액도 가산되어야 한다.**

영업권이란 경제계에서 권리금이라는 용어로 많이 불리기도 하는데, A 씨가 그동안 임대업을 영위하면서 구축한 시스템이나 평판 및 노하우 등 무형의 재산에 대한 가치를 의미하는 것이다. A 씨는 아들에게 이 영업권의 일부도 건물과 함께 증여했다고 볼 수 있는 바, 그 영업권의 포함 여부와 포함된다면 그 가치를 얼마로 평가할 것인지에 대하여 논란이 있다.

다음으로 건물분에 대한 부가가치세를 납부할 것인지 여부이다. 부가가치세법에 따르면 사업양수도(사업에 대한 재산과 권리를 포괄적으로 이전)를 하는 경우에는 부가가치세를 부과하지 않도록 하고 있으나 이에 해당하는지는 반드시 사전에 검토하여야 한다. 사업양수자의 대리납부제도를 이용하는 것도 대안이 될 수 있다.

또 건물만 증여받은 아들들은 아버지의 토지를 이용하고 있으므로 세법에서 정하는 적정한 임대료를 내야 하는데 이에 대해서는 뒤에서 다시 살펴보기로 한다. 이외에도 현실적인 문제는 임대차계약의 갱신에 있다. A 씨의 사례는 임대보증금 10억 원이 건물가액보다 더 큼에도 불구하고 소액의 많은 세입자들이 장기간 저렴한 임대차계약을 호의적으로 유지하고 있어서 비교적 갱신이 쉬웠지만, 보증금 회수에 불안함을 느끼는 세입자들이라면 건물만 소유한 수증자와의 계약을 꺼릴 수도 있다.

토지를 무상으로 사용할 때는 적극적으로 세무신고를 하자

절세노트

자녀가 부모의 토지를 저리나 무상으로 사용한다면 그 무상사용 등의 이익이 자녀에게 증여된 것으로 보아 증여세가 부과된다. 그뿐만 아니라, 토지의 무상사용을 허용한 부모에게는 적정한 임대료 수익에 해당하는 소득세와 부가가치세가 부과되어 이중적인 조세부담이 된다. 이럴 바에는 차라리 세법에서 정한 적정 임대료 수준만큼 주고 받아서 세무신고를 하는 것이 유리하다.

심층분석

토지를 제외한 건물만을 증여받거나 부모의 토지 위에 자녀명의의 건물을 짓는다면 자녀가 부모로부터 토지 임차료만큼 증여를 받는 효과가 생기는데, 무상 또는 저가의 임차료와 세법에서 정한 수준의 임차료의 차이만큼을 자녀가 증여받은 것으로 보아서 증여세가 부과된다. 또, 무상이나 저가로 토지를 사용하도록 한 부모에게는 적정한 수준의 임대수익에 해당하는 소득세와 부가가치세도 부과한다.

이러한 과세 즉, 증여세와 소득세 및 부가가치세는 일상적인 세무조사에서는 잘 발견되지 않으나 상속세 조사는 피상속인과 상속인의 재산현황을 통합적으로 파악하기 때문에 실무에서는 흔히 과세되고 있다.

그런데 부모의 토지를 무상으로 사용한 만큼의 임차료에 대한 증여세를 부과하는 것까지는 수긍할 수 있겠는데, 부모에게 다시 소득세와 부가가치세를 부과하는 것은 토지의 무상사용이라는 하나의 사건에 대하여 이중으로 세금을 부과하는 셈이어서 납득하기가 쉽지 않다. 임대료를 실제로 받지도 않았는데 소득세와 부가가치세를 부과한다니 말이다. 더욱이 이 임차료에 대하여 자녀의 임대소득을 계산할 때 비용으로 공제받지 못할 뿐만 아니라 매입부가가치세도 환급받지 못하므로 더 억울할 수밖에 없는 구조이다.

상황이 이렇다면 차라리 적정한 임대료만큼 세무신고를 하는 것이 오히려 더 현명한 절세방법이 될 것이다. 즉, 세법에서 정하는 수준의 임대료만큼 세금계산서를 발행하고 세무신고를 한다면 토지무상사용에 대한 증여세와 소득세 및 부가가치세 미신고에 따른 가산세 등을 피하면서도 비용공제 및 매입부가가치세 환급까지 가능한 것이다.

그렇다면, 세법에서 정한 적정한 수준의 임대료는 얼마일까? 이에 대해 증여세법과 소득세법에서는 각각 다음과 같이 규정하고 있는데, 그중에서 큰 금액으로 정한다면 증여세와 소득세를 모두 피할 수 있을 것이다.

▶ 증여세법상의 연간 적정 임대료: 토지가액 × 2%
　(단, 연간 적정 임대료에 대한 5년 연금의 현재가치가 1억 원 이상인 경우에만 적용하게 되는데 이것은 결국 토지가액이 약 13억 원 이상일 때만 적용된다는 의미이다)

▶ 소득세법상의 연간 적정 임대료: (토지가액 × 50% - 전세금·보증금) × 2.1%
　(단, 연간 적정 임대료의 5%에 상당하는 금액 또는 3억 원 이상인 경우에만 적용된다)

이 산식에서 토지가액은 대체로 기준시가가 될 것이므로 현실적인 시가보다는 낮은 것이 일반적이고, 세법상 적정수익률 또한 현실적인 임대료수익률보다 상대적으로 낮게 책정되어 있다. 따라서 세법에서 정하는 적정 수준의 임대료는 현실적인 임대료보다 상당히 낮으므로 적극적으로 세무신고를 하는 것이 현명한 절세의 방법이다.

마찬가지로 토지가 아니라 건물을 무상이나 저가로 사용하는 경우에도 동일하게 과세가 이루어진다.

🔑 하나 더

부동산을 간접적으로 이용함에 따른 혜택에 대해서도 증여세가 부과된다. 즉, 자녀가 부모의 부동산을 담보로 제공하고 금융기관 등으로부터 금전을 대출받는다면 세법에서 정한 적정이자율과 실제 지급한 이자율의 차이만큼 증여된 것으로 보아서 증여세를 부과하되, 그 이익이 1년간 1천만 원 이상인 경우에 적용된다. 부모로부터 직접 금전을 무상이나 저리로 차입한 경우와 동일하게 취급하는 것이다.

— Bonus Tip —

차라리
토지이용료에 대한
세무신고도 하자.

간접적으로 양도해도
증여세가 부과된다

절세노트

배우자나 직계존비속에게 부동산 등을 증여하려다가 높은 증여세 때문에 포기하고 양
도하는 방법으로 절세를 검토하게 된다. 그러나 배우자나 직계존비속에게 직접 양도하
는 거래에 대하여 세무당국은 양도거래를 무시하고 일단 증여거래로 추정한다. 또, 친
인척 등에게 일단 양도하였다가 3년 내에 당초 양도자의 배우자나 직계존비속에게 다
시 양도하는 경우에도 증여로 추정하게 된다. 따라서 증여추정요건을 최대한 피하되
증여로 추정될 경우를 위해서 실질거래를 입증할 준비를 충분히 하여야 한다.

심층분석

부동산 재력가인 A 씨는 자신이 수년 전 20억 원에 구입했던 토지가 현재는
그 시가가 30억 원에 이른다는 것을 알고 더 오르기 전에 아들에게 증여를 해야
겠다고 마음먹었다. 그런데 세무전문가와 상담한 결과, 해당 토지를 지금 아들
에게 증여하면 증여가액이 30억 원으로 평가되어 증여세가 10억 원가량 된다는
사실에 크게 상심하였다.

그러던 중 이 토지를 사촌에게 일단 30억 원에 매각한 후, 그 사촌이 다시 자신의 아들에게 30억 원으로 재매각을 한다면, 사촌이 아들에게 매각할 때는 양도차익이 없으므로 양도소득세를 낼 필요가 없고, 자신이 사촌에게 매각한 거래에서 발생한 양도차익 10억 원(= 양도가액 30억 원 - 취득가액 20억 원)에 대해서만 양도소득세를 내면 될 것이므로 직접 증여하는 것보다는 유리할 것이라는 생각이 들었다.

A 씨가 생각한 거래에 대한 세금을 개략적으로 계산해 보면 다음과 같다.

(단위: 원)

구분	직접 증여	양도거래(간접 증여)	
	A 씨 → 아들	A 씨 → A 씨 사촌	사촌 → A 씨 아들
〈증여세〉			
㉮ 증여재산	3,000,000,000		
㉯ 증여재산공제	50,000,000		
㉰ 증여세과세표준	2,950,000,000		
㉱ 증여세율	10~50%		
㉲ 산출세액	1,020,000,000		
〈양도소득세〉			
㉳ 양도가액		3,000,000,000	3,000,000,000
㉴ 취득가액		2,000,000,000	3,000,000,000
㉵ 양도차익		1,000,000,000	-
㉶ 양도소득공제		2,500,000	-
㉷ 양도세과세표준		997,500,000	-
㉸ 양도세율		6~38%	6~38%
㉹ 양도소득세		355,150,000	-

A 씨 생각대로라면 아들에게 직접 증여하는 것보다 사촌을 이용하여 양도의 형식을 취하는 것이 6억 원 이상의 세금을 줄이게 될 것이다. 그러나 이 같은 거래는 세무당국으로부터 추가로 증여세를 추징당할 가능성이 매우 높다.

주식이나 부동산 등의 재산을 배우자나 직계존비속에게 증여하게 되면 증여하는 재산가액 전부에 대하여 증여세를 부과한다. 하지만 증여가 아닌 양도를 한다면, 양도자가 당초에 취득한 취득원가는 양도소득세 계산에서 차감(즉, 양도가액에서 취득원가를 차감한 양도차익에 대하여 과세)되므로 일반적으로 증여에 비해서 훨씬 절세가 된다.

이런 점을 악용하여 외견상 양도의 형식을 취하지만 실제로는 증여를 위한 거래인 경우가 많다. 세무당국도 이러한 사실을 잘 알기에, 배우자나 직계존비속에게 재산을 직접 양도하는 거래는 물론이고 A 씨처럼 간접적으로 양도하는 경우에도 양도거래를 무시하고 일단 증여로 추정한다.

다만 모든 간접 양도거래에 대해서 증여로 추정하는 의미는 아니다. 최초의 양도자(갑)가 그와 특수관계에 있는 자(을)에게 일단 양도를 한 후에, 그날로부터 3년 이내에 그 특수관계자(을)가 최초 양도자(갑)의 배우자나 직계존비속(병)에게 다시 양도를 한 경우에 세무당국은 최초 양도자(갑)가 그의 배우자나 직계존비속(병)에게 직접 증여한 것으로 추정한다는 것이다. 이때, 갑이 을에게 양도한 양도소득세와 을이 병에게 양도한 양도소득세의 합이 갑이 병에게 직접 증여할 경우의 증여세보다 큰 경우에는 적용하지 않는다.

A 씨의 경우, 아들에게 직접 증여한 증여세가 사촌을 통한 양도거래의 양도소득세보다 크므로 양도거래를 부인하고 증여세를 추징하게 되는 것이다. 따라서

이 거래가 증여로 추정되지 않기 위해서는 최소한 3년이 지난 다음에 A 씨 사촌이 A 씨의 아들에게 매각해야 할 것이다.

그런데 실제로도 양도거래인 경우까지 증여로 추정한다면 억울한 납세자가 생길 것이다. 이 경우에는 실제로 양도거래임을 증명하면 되는데, 금융거래자료와 관련 자금의 출처에 대한 자료 등이 필요할 것이다. 이 외에 경매나 공매 및 상장주식을 한국거래소를 통해 거래(시간외 대량매매 제외)한 경우도 매매사실이 명확한 것으로 보아 증여추정규정을 적용하지 않는다.

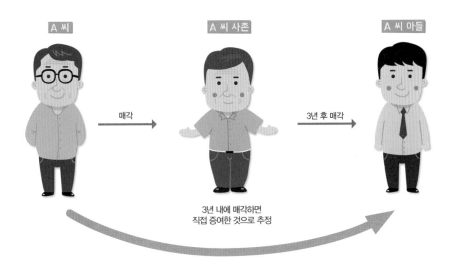

A 씨 — 매각 → A 씨 사촌 — 3년 후 매각 → A 씨 아들

3년 내에 매각하면
직접 증여한 것으로 추정

증여 후 양도는
5년이 지난 후에 하자

절세노트

배우자 등에게 부동산을 증여한 후에 배우자 등이 다시 타인에게 매각하는 거래를 하는 이유는 증여를 통하여 취득원가를 증가시킴으로써 양도차익을 작게 하여 양도소득세를 줄이고자 하는 경우가 대부분이다. 그러나 이러한 거래는 증여받은 날로부터 5년이 경과한 후에 매각하여야만 절세효과를 볼 수 있다는 사실을 명심해야 한다.

🔍 심층분석

십수 년 전 경매를 통해 상가를 1억 원에 낙찰받았던 B 씨는 이제 이 상가의 가격이 충분히 올랐다고 생각하여 매각할 결심을 하였다. 인근 부동산 중개사무실에서 상담한 결과, 바로 옆 상가가 최근 10억 원에 매각된 사실을 알고 지금 팔아야겠다는 확신을 더 가지게 된 B 씨는 갑자기 양도소득세가 걱정되었다. 양도차익이 9억 원이나 되니 양도소득세도 클 것이기 때문이다.

며칠 동안 고민하던 B 씨는 드디어 묘책을 생각해 냈다. 즉, 자신의 부인에게 증여한 후, 부인이 다시 타인에게 매각하는 것이다. 증여재산가액은 시가인 10억 원이지만 부인에게 증여할 때는 증여재산공제 6억 원이 적용되어 결국 4억 원에 대해서만 증여세를 내면 될 것이고, 부인이 다시 타인에게 10억 원에 매각할 때 취득원가는 증여받은 가액인 10억 원이므로 양도차익이 없어 양도소득세를 낼 필요가 없다고 생각한 것이다.

B 씨의 계획에 따라 증여세와 양도소득세를 계산해 보면 다음과 같다.

(단위: 원)

구분	직접 양도	증여 후 양도	비 고
〈증여세〉			
㉮ 증여재산		1,000,000,000	
㉯ 증여재산공제		600,000,000	
㉰ 증여세과세표준		400,000,000	= ㉮ − ㉯
㉱ 증여세율		10~50%	
㉲ 산출세액		70,000,000	= ㉰ × ㉱
〈양도소득세〉			
㉳ 양도가액	1,000,000,000	1,000,000,000	
㉴ 취득가액	100,000,000	1,000,000,000	
㉵ 양도차익	900,000,000	−	= ㉳ − ㉴
㉶ 양도소득공제	2,500,000		
㉷ 양도세과세표준	897,500,000	−	= ㉵ − ㉶
㉸ 양도세율	6~38%	6~38%	
㉹ 양도소득세	317,150,000	−	= ㉷ × ㉸

위의 계산 결과를 보면 직접 양도한 경우보다 부인에게 증여를 한 후, 부인이 다시 양도하는 경우에 세금이 약 2억 5천만 원가량 줄어드는 것을 볼 수 있다. 단, 장기보유특별공제나 신고세액공제는 무시하기로 한다.

과연, B 씨와 같은 방법으로 양도소득세를 줄일 수 있을 것인가? 해답은, 부인이 증여받은 날로부터 5년이 지난 후에 매각해야만 가능하다는 것이다.

세법은 B 씨와 같은 방법으로 양도소득세를 회피하는 경우를 방지하기 위해 다음과 같은 규정을 두고 있다. 즉, 거주자(갑)가 배우자나 직계존비속(을)에게 부동산을 증여를 한 후, 5년 이내에 다시 그 배우자 등(을)이 제 3자(병)에게 양도를 하면, 양도소득세는 거주자(갑)가 당초에 취득한 취득원가를 기준으로 계산하도록 하였는데 이것을 흔히 이월과세라 부른다. 이때 배우자 등(을)이 납부한 증여세는 양도차익의 계산에 필요경비로 차감한다.

따라서 B 씨의 부인이 증여를 받은 날로부터 5년 이내에 부동산을 매각한다면 양도소득세를 추가로 납부하게 되므로, B 씨의 계획이 효과를 발휘하려면 5년을 기다린 후에 매각해야만 한다. 실무적으로는 오래된 토지 위에 다세대주택을 분양하는 경우에도 흔히 적용된다.

한편 이월과세 제도와 유사한 것으로서 양도행위를 부인하는 제도가 있다. 즉, 양도소득세 과세대상이 되는 자산을 특수관계자(을)에게 증여한 후, 그 증여받은 자(을)가 5년 이내에 다시 타인(병)에게 양도하는 경우에는 당초의 증여자(갑)가 직접 타인(병)에게 양도했을 경우의 양도소득세와 비교하여 직접 양도한 경우의 양도소득세가 더 크다면, 당초의 증여거래는 부인하고 양도소득세를 추가로 추징하는 것이다. 그러나 이 제도는 양도소득이 수증자(을)에게 실질적으로 귀속된다는 사실을 입증하면 적용하지 않는다는 점이 이월과세와 특히 다르며, 두 규정에 모두 해당되는 경우에는 이월과세를 우선 적용한다.

이 두 가지 규정을 요약하면 다음과 같다.

구분	이월과세	양도행위의 부인
대상 자산	부동산(토지, 건물, 부동산에 관한 권리) 및 특정 시설물 이용권	모든 양도소득세 대상 자산 (주식, 부동산 등)
수증자	배우자 및 직계존비속	모든 특수관계자
과세방법	당초에 증여한 거주자(갑)의 취득원가를 이용하여 제3자(병)에 대한 양도소득세를 계산하며 배우자 등(을)이 납부한 증여세는 필요경비에 포함한다.	당초에 증여한 거주자(갑)가 직접 제3자(병)에게 양도한 것으로 보아 양도소득세를 부과하며 특수관계자(을)가 납부한 증여세는 환급한다.

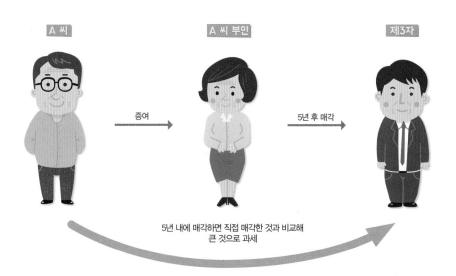

A 씨   A 씨 부인   제3자

증여   5년 후 매각

5년 내에 매각하면 직접 매각한 것과 비교해 큰 것으로 과세

비상장주식을 매매하거나
증자할 때는 주식평가액이 중요하다

절세노트

비상장주식은 현금화할 수 있는 유동성이 제한되어 있어 체감적인 시가가 낮음에도 불구하고, 세법에 따른 평가액은 비현실적으로 높은 경우가 많아서 납세자가 느끼는 괴리감이 큰 대표적인 분야이다.

실제로 세법에서 정하는 평가액을 고려하지 않은 채 비상장주식을 매매하거나 증자하였다가 거액의 증여세를 부과받은 후에야, 뒤늦게 세무전문가에게 상담하지만 안타깝게도 이미 때를 놓친 사례가 많다. 따라서 비상장주식을 매매하거나 증자 등을 할 때는 사전에 세무전문가와 상담하는 것이 꼭 필요하다.

심층분석

직장인 A 씨는 3년 전에 액면가로 매입한 비상장회사의 주식에 대하여 증여세 조사통지서를 받고 깜짝 놀랐다. 사실관계 확인을 위해 해당 회사의 회계팀에 문의하는 과정에서 A 씨 외에도 이 회사의 주주인 B 씨 역시 5년 전 회사가 실시한 유상증자에 참여하지 않았음에도 불구하고 증여세 조사통지서를 받았다는 사실까지 추가로 알게 되어 많은 혼란을 느끼고 있다.

A 씨는 해당 주식을 살 때, 매도자와 매매가격을 협의하는 과정에서 당장 현금화할 수 없다는 부정적 측면과 장기적으로 투자가치가 있다는 긍정적 측면을 동시에 고려해서 액면가액으로 매매하기로 최종 합의한 것이었다. 세무당국은 자유롭게 시장경제 논리에 따라 이루어진 거래에 대해서도 왜 증여세를 부과했을까?

B 씨는 회사로부터 증자실시 일정과 증자참여 여부에 대한 통보를 받았다. 하지만 증자배수가 본인이 생각하는 기업가치 및 투자가치와 괴리가 있어 증자에 불참했다. 왜 세무당국은 아무런 행위를 하지도 않은 B 씨에게 증여세를 부과했을까?

세무공무원

위 사례는 모두 비상장주식에 대한 시가평가와 깊은 관련이 있다. 한국거래소에서 거래되는 상장주식과 달리 비상장주식은 객관적인 시가로 볼 수 있는 거래가 충분치 않아, 많은 경우 세법에서 보충적으로 정한 평가방법에 따라 그 가치를 산정하게 된다. 그런데 이렇게 보충적으로 평가한 결과가 해당 비상장주식을 현실적으로 매매할 수 있는 가치와 괴리가 큰 경우가 많다는 데 문제가 있다.

세법에서 정한 보충적평가방법은 회사의 법인세 신고내역을 바탕으로 순자산가치와 순손익가치를 가중 평균하는데, 회사의 누적이익이 클수록 평가액이 커진다. 특히 최근 3개년 동안 이익이 증가추세에 있는 경우에는 그 평가액이 극대화되는 구조로 되어 있다.

이런 방법으로 산정된 비상장주식의 가치는 액면가액의 수십 배가 되는 경우도 많은데, 오랜 연구개발 끝에 결실을 맺기 시작한 벤처기업이나 게임개발회사 및 직전연도에 대규모 분양이 실시된 부동산 시행사 등에서 흔히 볼 수 있는 현상이다. 물론, 세법에서 정한 보충적평가방법이 이론적으로는 근거가 있다고 할 수도 있다. 그러나 현실적으로는 현금화하기에도 제한적인 비상장주식을 향후의 이익전망에 대한 시장의 평가 등도 무시한 채, 지나간 회계장부를 바탕으로 산정된 세무상의 평가가치를 그대로 시장에서 매매하는 것은 거의 불가능하다. 그럼에도 불구하고 세무당국은 대체할 마땅한 방법을 찾지 못하고 있어서 실무에서 이 평가방법을 과세기준으로 삼고 있는 것이다.

A 씨의 경우, 회사의 주식 10,000주를 액면가액인 5백만 원(1주당 500원)에 매입했었다. 하지만 세무당국은 해당 주식을 세법에서 정한 보충적평가방법에 따라 1주당 5만 원으로 하여 A 씨가 매매한 주식의 적정한 가치를 5억 원으로 산정하였다. 다시 말해 시가 5억 원인 주식을 5백만 원에 거래함으로써 그 차이인 4억 9천5백만 원만큼 매도자가 A 씨에게 증여가능성이 있다고 보는 것이다.

A 씨의 경우는 매도자가 서로 특수관계자(친인척 등)가 아니므로 위 차이인 495백만 원에서 3억 원을 차감한 잔액인 195백만 원을 기준으로 증여세를 과세했다. 즉, 195백만 원만큼 A 씨가 매도자로부터 증여받았다고 본 것이다. 만약 A 씨와 매도자가 서로 특수관계가 있다면 495백만 원에서 시가의 30%와 3억

원 중 더 작은 금액인 1억 5천만 원을 차감한 잔액 345백만 원을 기준으로 증여세를 과세한다. 특수관계가 없는 당사자끼리의 거래는 거래가액 5백만 원에 대하여 시가에 가까울 가능성을 더 인정한다고 볼 수 있다.

다만, 증여이익을 계산할 때 30%와 3억 원의 기준을 악용해서 한 번이 아니라 여러 번에 걸쳐 나누어 거래를 함으로써 증여세를 회피하는 것을 방지하고자, 과거 1년 동안 동일한 매매거래에 대해서는 합산하여 판단한다.

B 씨의 경우에는 1주당 증자가액이 세법에서 정한 보충적평가액보다 크다고 판단(즉, 회사의 증자에 새롭게 참가한 신규주주가 B 씨에게 부를 이전하였다고 판단)하여 증여세를 부과한 것인데, 증자에 참여했던 주주가 B 씨와 서로 특수관계에 해당하기 때문에 가능한 일이었다. 만약 1주당 증자가액이 세법에서 정한 보충적평가액보다 작다면 기존 주주 B 씨 등이 새로 증자에 참여한 신규주주에게 부를 이전한 것으로 보아 신규주주에게 증여세를 부과하게 되는데 이때는 신규주주와의 특수관계 여부에 상관없이 증여세가 부과된다. 요약하면 고가증자인 경우에는 특수관계를 전제로 하지만, 저가증자인 경우에는 무조건 증여세가 부과된다.

이런 상황은 합병 · 감자 · 현물출자 · 주식교환 등의 경우에도 흔히 발생할 수 있다. 따라서 회사의 담당자나 주주는 비상장주식에 대해 매매 · 증자 · 합병 등을 실시하기 전에 반드시 조세전문가와 함께 주식평가를 바탕으로 세무검토를 충분히 한 후에 진행하는 것이 바람직하다.

상장회사 유상증자에도 증여세가 부과될 수 있다

절세노트

상장회사의 유상증자는 시가가 형성되어 있고 관련법령에 따라 진행되므로 별다른 걱정 없이 참여했다가 몇 년 뒤에 세무조사를 받는 경우가 많이 발생하고 있다. 바로 제3자 배정방식의 유상증자가 그것인데, 문제의 핵심은 공모절차를 거쳤는지 여부에 있으므로 신문공고 등의 공개모집과정을 확인한 후 유상증자에 참여해야만 증여세를 피할 수 있다.

심층분석

상장회사의 유상증자에 참여할 때도 증여세가 부과될 수 있다. 상장주식은 시가가 형성되어 있고 그 유상증자는 자본시장을 규제하는 관련법령에 따라 실시되므로, 증여세가 부과될 여지가 없다고 흔히 생각할 수 있다.

그러나 제3자 배정방식의 유상증자 시에는 주의해야 한다. 이것은 회사가 긴급한 운영자금 등이 필요한 경우에, 기존 주주의 신주인수권(증자에 참여할 수 있는 권리)을 제한하고 새로운 주주만을 대상으로 유상증자를 실시하는 제도를 말한다.

상장회사가 실시하는 모든 유상증자의 경우, 원활한 증자참여를 유도하기 위해 시가보다 할인된 가격으로 증자를 실시하는데, 바로 이 할인액을 저가증자에 따른 증여이익으로 볼 것이냐가 핵심이다. 특히 이 규정은 매매거래에 적용되는 30%나 3억 기준에도 해당되지 않으며 수천 명의 기존 주주를 각각 증여자로 보지 않고 전체를 1인으로 보아서 계산되므로, 증여세 위험에 노출되는 금액도 크다.

세법에서는 공모방식의 유상증자를 할 경우 그 할인액에 대해 증여세를 부과하지 않는다. 공모방식과 사모방식의 차이는 불특정 다수인(현재는 50인 기준)에게 신문공고 등을 통해 증자 청약을 권유함으로써 누구에게나 청약할 권리를 공평하게 부여했는지 여부에 있다. 문제는 제3자 배정방식의 유상증자가 사모방식에 해당되는 경우가 많다는 점이다.

한때, 각종 테마에 편승한 많은 상장회사들이 유상증자를 분별없이 실시했고, 이렇게 배정받은 주식들은 시류에 힘입어 주가가 여지없이 올라갔다. 이런 상황을 지켜보면서도 은밀하게 이뤄지는 이 유상증자 명단에 끼지 못해 애태우던 시절이 있었다.

당시 유상증자에 참여했던 사람들은 증여세가 과세될 수 있다는 사실을 대부분 간과하고 있었다. 실제로 당시에는 세무당국의 조사도 흔치 않아서 상장회사의 제3자 배정방식의 유상증자에 대한 증여세를 부과한 사례를 찾기 힘들었다. 따라서 증여세를 우려하는 필자의 조언도 사실상 무시되는 분위기였다.

그러나 몇 년이 지난 후에 이러한 유상증자에 대하여 증여세를 과세하는 사례가 늘어나기 시작하였고, 많은 사람들이 뒤늦게 세무당국과 힘겨운 논쟁을 하게 되었다. 또, 이런 방식으로 배정받은 주식은 대체로 6개월 내지 1년 동안 보호예수(흔히 lock-up이라 부른다)를 하게 되는데 이럴 경우 더욱 억울한 상황이 발생한다.

즉, 증여세는 유상증자 시점의 테마에 의해 높아진 주가를 기준으로 부과함에도 불구하고, 정작 배정받았던 주식은 보호예수기간이 종료된 후에나 매각할 수 있게 되는 것이다. 그러나 이때는 이미 주식가격이 현저히 하락한 경우가 대부분이어서 손에 만져 보지도 못한 높은 주가에 매겨진 증여세를 납부하게 된다. 주식가격 하락에 따른 손실까지 감당하는 이중고에 시달리게 되는 것이다.

상장회사 유상증자에 대한 증여세 과세여부의 핵심은 공모과정을 거쳤는지에 있다. 따라서 상장회사의 유상증자 담당자는 비록 제3자 배정방식의 유상증자라 할지라도 신문공고 등 공모절차를 준수하고, 유상증자에 참여하려는 사람은 공모절차를 꼭 확인해야 한다.

상장주식을 3자 배정받아서 증여세를 낸 경우도 있어요.

보험계약 증여 시에는
보험료의 자금출처를 마련하자

부모가 보험료를 납부하고 보험금은 자녀가 수령한 경우, 증여세는 부모가 대신 납부한 보험료가 아닌 자녀가 수령한 보험금 전액에 부과된다. 이는 주식이나 예금과는 달리 보험계약 증여에만 적용되는 특이한 규정이다. 따라서 증여 효과를 극대화하려면 자녀에게 보험계약 자체를 증여할 것이 아니라, 자녀가 직접 보험료를 납부할 수 있도록 자금출처를 마련해 주는 것이 더 현명하다고 하겠다.

심층분석

시중에는 부모가 보험료를 납부하지만 보험금이나 혜택은 자녀가 누리면서도 증여세는 부과되지 않아 마치 은밀한 절세비법처럼 소개되는 보험상품들도 있다. 이러한 보험상품 중에서 과연 증여세를 피할 수 있는 상품은 얼마나 될까? 결론부터 말하자면, 보험료 납입자(이는 보험계약자와 다를 수도 있다)와 보험금 수령자(이는 보험의 수익자로 피보험자와 다를 수도 있다)가 일치하는 상품이 아니라면 모두 증여세 등이 부과된다.

즉, 부모가 보험료를 납입하고 자녀가 만기에 보험금을 수령하거나 중간에 해약하여 해약 환급금을 수령한다면 부모로부터 증여받은 것으로 간주한다. 만약 보험료 중에서 일부는 자녀가 직접 납입한 것이 있다면 그 부분만큼은 보험료를 납입한 자와 보험금을 수령한 자가 일치하여 증여가 성립되지 아니하므로, 자녀가 납입한 보험료에 해당하는 보험금이나 해약 환급금에 대해서는 증여세를 부과하지 않는다.

부모가 대신 납부해 준 보험료에 대하여 증여세를 납부하는 것은 당연한데, 여기서 문제가 되는 것은 납부한 보험료와 향후에 수령하게 되는 보험금과의 차액(이를 보험차익이라 부른다)에 대해서도 증여세를 내야 하는지 여부이다.

만약 예금을 증여받은 자녀가 주식이나 부동산 등을 취득하고 훗날 주식이나 부동산의 가치가 증가하였다면, 그 가치증가분에 대하여는 증여세를 부과하지 않는다.

그런데 보험계약의 증여는 좀 특이하다. 증여받은 보험료에 대하여 증여세를 납부하였더라도, 나중에 보험금 지급사유가 발생하여 보험금을 수령하게 되는 시점에 수령한 보험금과 기존에 증여받았던 보험료와의 차액 즉, 보험차익에 대해서 다시 한번 증여세를 내야 하는 것이다.

이는 보험료를 증여하여 보험계약을 체결하는 경우, 수령하는 보험금 전체를 증여한 것으로 보겠다는 세무당국의 의지를 반영한 것이다.

만약 보험차익에 대한 증여세를 피하고자 한다면 자금의 증여와 보험가입행위를 단절하는 것이 중요하다.

이를 위해서 생각해 볼 수 있는 방법 중의 하나가 보험료를 납부할 만한 임대수익이 발생하는 부동산을 증여하고 여기서 발생하는 임대료수입으로 보험료를 납부하는 것이다. 즉, 부모는 자녀에게 부동산을 증여하였을 뿐이고, 자녀는 여기서 발생하는 임대료수입을 가지고 자신의 계산과 책임으로 보험계약을 체결하는 상황인 것이다.

그런데 이처럼 두 가지 이상으로 분할된 거래일지라도 그 실질이 연속된 하나의 거래로 판단되면, 그 실질에 따라 과세한다는 사실도 기억해야 한다. 즉, 부동산을 증여하여 보험계약을 체결한 경우라 하더라도 세무당국이 그 실질을 보험계약 체결을 위한 하나의 연속된 거래라고 판단한다면 보험금에 대해서도 증여세를 부과할 수 있다는 것이다. 따라서 부동산의 증여와 보험계약 사실을 충분히 분리시킬 수 있도록 계획해야 한다. 특히, 증여받은 재산에서 발생하는 임대소득으로 보험료를 납부한 경우에는 그 보험차익에 대하여 증여세를 부과한다고 과세당국이 이미 밝히고 있으므로 조세전문가와 상담이 필요하다.

한편 거액의 보험금을 수령했을 경우, 수년 뒤에 보험금의 사용처와 당초 보험료의 납부 출처에 대해 소명을 요청받는 사례가 종종 발생하므로 금융거래를 중심으로 관련 거래내역을 잘 보관해 두는 것이 좋다. 또, 세법개정으로 인해 과세당국은 단순히 계약자를 변경한 보험계약도 보고받아서 증여가능성에 대해서 살펴보고 있다.

🔑 하나 더

한때 즉시연금의 증여에 대한 절세효과가 커서 각광을 받던 시절이 있었다. 그도 그럴 것이 자녀를 수익자로 한 즉시연금을 부모가 가입하면 증여세도 지금이 아닌 먼 훗날 보험금을 개시하는 때에 납부하면서 증여재산을 평가하는 할인 기간은 짧은 반면, 할인율은 높아서 증여세 절세효과가 상당하다고 할 수 있었다.

그러나 최근의 급격한 세법개정을 통해서 증여세 부과시점이나 할인율 및 이자소득 비과세 효과가 크게 퇴색된 결과, 절세효과가 많이 흐려졌다고 할 수 있다.

————— Bonus Tip —————

장애인에 대한
증여혜택을 활용하자

절세노트

장애인이 증여받은 재산을 신탁할 경우에는 5억 원까지 증여세가 부과되지 않는다. 또한, 증여재산으로 장애인 보험에 가입한다면 연간 4천만 원 이하의 보험금에 대해서는 증여세가 부과되지 않는다. 여기서 장애인이란 '장애인복지법에 의한 장애인'을 일컫는 것이다. 여러 이유로 예상보다 많은 장애인들이 등록되고 있다는 점을 감안할 때 이를 잘 활용할 필요가 있다.

🔍 심층분석

선친으로부터 상당한 재산을 물려받은 A 씨는 친구들에 비해 풍족한 인생을 살아 온 것에 감사하지만 마음속에 늘 그늘이 있다. 태어날 때부터 장애를 가진 둘째 아들 때문이다. 자신이 살아 있는 동안은 아들을 돌봐 줄 수 있지만 자신의 사망 후에는 돌봐 줄 사람이 마땅치 않을 뿐만 아니라 재산을 물려준다고 해도 관리할 능력이 없기 때문이다.

고민을 나누던 친구는 A 씨에게 장애자를 수익자로 하는 신탁에 가입하면 증여세를 줄일 수 있을 뿐만 아니라, 아들이 생존해 있는 동안 신탁회사가 아들의 재산을 대신 관리해 주므로 증여해 준 재산도 지킬 수 있을 것이라 조언해 주었다. A 씨는 당장 장애자 부양신탁에 특화된 은행을 찾아가기로 했다.

주위를 살펴보면 생각보다 많은 사람들이 장애인으로 등록되어 있다는 사실에 놀라게 된다. 증여세법에서는 장애인복지법에 따라 등록한 장애인이기만 하면, 크게 두 가지 혜택을 부여하고 있는데 절세에 잘 활용할 수 있다.

첫째, 장애인이 증여받은 재산을 신탁회사에 신탁할 경우 5억 원까지는 과세하지 않는다. 다만, 다음의 요건을 모두 충족하여야 한다.

▶ 증여자는 수증자의 직계존속이거나 친족이어야 한다.

▶ 증여받은 재산은 '자본시장과금융투자업에관한법률'에 따른 신탁업자에게 금전, 유가증권, 부동산으로 신탁해야 한다.

▶ 신탁계약은 그 장애인이 사망할 때까지 신탁의 이익 전부를 받는 조건이어야 한다.

그러나 위 요건을 충족했더라도 당초 증여세 감면 혜택의 취지를 벗어났다고 판단되는 다음 경우에는 즉시 증여세를 부과한다.

▶ 신탁을 해지하거나 신탁기간 종료 시에 다시 연장하지 않은 경우

▶ 신탁기간 중 수익자를 변경한 경우

▶ 증여재산가액이 감소한 경우

▶ 신탁의 이익 전부 또는 일부가 타인에게 귀속된 경우

둘째, 수령하는 보험금에 대한 비과세이다.

즉, 장애인복지법에 따라 등록한 장애인이 수령하는 보험금에 대해서는 연간 4천만 원까지 증여세를 부과하지 않는다. 이 규정은 신탁계약을 통한 증여에 대해 5억 원까지 과세하지 않는 제도가 일회성인 것에 비하면 절세효과가 훨씬 크고 현실적일 것이다.

 하나 더

사회통념상 인정되는 피부양자의 생활비와 교육비 및 그 밖에 이와 유사한 것에 대해서는 증여세를 부과하지 않는데 여기에는 치료비나 간병비도 해당된다.

특히, 장애인을 부양할 때 발생하는 치료비나 간병비는 누적된 금액이 상당함에도 불구하고 증빙서류를 잘 보관하지 않아 상속·증여세 조사에서 불이익을 당하는 사례가 많다. 민간요법 등으로 치료한 경우에는 나중에 그 치료사실이나 지출증빙을 확보하기가 더욱 곤란하다.

따라서 세무조사를 대비해서 증빙서류(병원이나 약국으로부터 받은 영수증, 간병인에게 송금한 입금증, 간병인 인적사항 등이 기록된 확인서 등)를 잘 보관하는 것이 좋다. 참고로 간병인협회나 병원 등을 통해 간병서비스를 받은 경우에는 나중에라도 간병사실을 확인받기가 유리할 수 있다.

———— Bonus Tip ————

주식계좌를
타인에게 대여하지 말자

절세노트

명의신탁된 주식에 대한 증여세는 실제 소유자에게 과세하는 것으로 개정되었지만, 명의신탁사실을 밝혀야 하는 책임은 여전히 명의수탁자에게 남아 있으므로 주식계좌를 타인에게 대여하지 말아야 한다. 명의신탁으로 증여세가 부과되는 경우에도 증권계좌로 취득하는 시점이 아닌 주주명부 폐쇄여부에 따라서 적용된다.

심층분석

최근 국세청으로부터 거액의 세무조사 공문을 받은 A 씨는 중소기업의 재무팀장인 자신과는 전혀 상관 없는 상장회사의 이름이 거론되는 상황을 이해할 수가 없었다. 세무조사과정에서 자신명의의 주식계좌를 처음 보게 되었고, 수년 전에 자신이 외삼촌에게 신분증과 도장 등을 잠시 빌려 줬던 일이 생각났다.

지금은 해외로 피신한 외삼촌이 당시에 M&A와 관련된 업무를 하고 있었는데, 세무공무원에 따르면 자신 명의의 증권계좌로 유상증자나 합병 등과 관련된 종목들이 있으며 증여세 등 거액의 세금이 부과될 것이라는 말을 듣고 망연자실하고 있다.

당시의 정황서류들을 바탕으로 자신은 명의를 도용당했을 뿐이라고 항변했지만, 세무공무원은 심증적으로야 이해되지만 법원 판결문 등의 객관적인 서류가 없다면 어쩔 수 없다는 말만 되풀이할 뿐이었다.

최근에 갑자기 남편을 여읜 B 씨는 상속세 신고를 위해서 금융조회를 하던 중 자신도 몰랐던 남편명의의 증권계좌에서 오랫동안 거액의 상장주식이 거래되고 있었다는 사실을 알게 되었고, 주변인들을 통해서 알아보니 남편의 지인들에게 명의를 빌려준 종목도 많이 포함되어 있으며 그중에는 연락이 닿지 않는 사람들도 있다고 하였다.

B 씨는 상속재산으로 얼마를 신고해야 하며, 실제 주인은 누구인지 어떻게 밝혀야 할지 막막해하고 있다.

최근에 개정된 세법에 따르면 명의신탁된 거래의 증여세가 명의신탁자 즉, 실질 소유자에게 과세되는 것으로 변경됨에 따라 명의를 빌려준 사람의 부담은 상대적으로 감소하였지만, B 씨의 경우처럼 주식이 명의신탁되었다는 사실을 입증할 책임은 여전히 남아 있는 경우도 있다.

실무적으로는 계좌개설과정과 자금의 이동경로 등을 바탕으로 실제 소유자를 밝히게 되지만, 법원 판결문 없이는 인정되기 어려운 경우도 많다. 실제 소유자가 파산 등의 이유로 조세채권이 확보되기 어렵다면 더욱 그렇다.

한편, 명의신탁사실이 인정되었다고 하면 어느 시점을 기준으로 과세하여야 할까? B 씨의 경우는 증권계좌에서 남편명의로 매수된 모든 지인의 주식이 명의신탁이라고 잘못 알고 온 경우였다. 명의신탁의 여부는 주주명부에 명의개서를 했는지 여부를 기준으로 판단하는 것이지 단순히 증권회사에서 개설한 주식계좌로 매매가 이루어졌다고 하여 그 모든 취득거래가 명의신탁거래인 것은 아니다. 즉, 명의신탁에서 명의란 주주명부를 의미하는 것이지 주식계좌를 의미하는 것은 아니다.

수시로 변하는 상장회사의 주주를 매 순간마다 갱신할 수는 없으므로, 주주총회를 소집할 때만 특정 기간을 정해서 주주명부를 확정하게 된다. 일반적으로는 결산기말에 정기주주총회를 위해서 1년에 한 번만 주주명부를 일시적으로 폐쇄하여 주주명부를 확정하지만 합병 등의 특별한 안건을 위해서 임시주주총회를 소집하는 경우도 있다.

즉, B 씨 남편의 경우에는 증권계좌에서 취득된 모든 종목이 아니라 주주명부가 폐쇄된 사실이 있었던 종목만이 명의신탁된 것으로 보아 과세되는 것이다.

더욱 다행인 것은 당초 명의신탁에 따라 증여세가 부과된 주식의 매도대금으로 다른 종목을 재취득한 것이라면 그 부분에 대해서는 또다시 증여세를 부과할 수 없다는 대법원의 판례가 있다는 점이다.

해외 거주자에 대한
증여와 상속

절세노트

거주자가 해외재산을 비거주자에게 증여하면 증여자가 국내에서 증여세를 납부해야 한다. 또 비거주자가 재산을 증여받으면 증여재산공제를 전혀 적용받지 못함에 따라 증여세 부담이 증가한다. 상속의 경우에는 피상속인이 비거주자이면 기초공제 2억 원 외에 다른 상속공제는 전혀 적용받지 못하는 불이익이 있다. 한편, 비거주자인지의 여부는 영주권이나 국적 등으로만 판단하지 않고 가족의 거주상황이나 직업 및 재산현황 등을 종합적으로 고려하여 판단한다.

심층분석

중소기업을 운영하는 A 씨는 자녀들의 교육을 위해 수년 전부터 아내와 자녀들을 외국에 보내고 자신은 국내에서 혼자 생활하는 속칭 기러기 아빠이다.

A 씨는 지인들과 대화를 나누다가 비거주자에게 외국에 있는 부동산을 증여하면 증여세를 내지 않아도 된다는 말을 듣고 약 10억 원으로 평가되는 현지의 부동산을 아내에게 증여하기로 마음먹었다. 비거주자 요건을 충족시키기 위해

A 씨는 아내에게 영주권을 조속히 취득할 것도 재촉했다.

현지의 회계사에게 문의한 결과 그 나라는 증여세 제도가 없어서 아내가 납부할 세금이 없다는 확인도 받았다. 과연 A 씨가 해외에 거주하는 아내에게 외국에 있는 부동산을 증여하면 한국에서는 세금을 내지 않아도 될까?

그렇지 않다. 이 경우에는 A 씨나 아내 중 누군가는 반드시 증여세를 한국에서 납부하게 된다. 오히려 아내가 비거주자인 경우에는 증여세 부담이 급증한다.

우선, A 씨의 아내가 거주자인지 비거주자인지를 먼저 판단해야 한다. 비거주자란 국내에 주소나 183일 이상의 거소를 두지 않는 사람을 말한다. 통상 183일 이상 국외에 거주할 것을 필요로 하는 직업을 가진 사람 등이 해당되는데, 단순히 영주권이나 국적만으로 판단하지는 않는다. 다시 말해서, 외형적인 형식에도 불구하고 직업이나 가족 및 재산현황 등 생활관계의 객관적 사실에 따라 판단하는 개념인 것이다.

문제는 이 판단기준이 다소 관념적이어서 실무에서 적용하기가 쉽지 않다는 점이다. 선박왕으로 불리던 모 기업인이 거주자 여부에 따라 세금규모가 엄청나게 달라지는 조세소송을 수년 동안 진행했던 사건은 업계에서 유명하다.

만약 A 씨의 아내가 한국 거주자로 판단된다면 일반적인 증여세법에 따라서 아내가 증여세를 납부하게 된다. 즉, 증여재산공제 6억 원을 초과하는 4억 원에 대해서 한국의 과세당국에 증여세를 납부하는 것이다.

A 씨 아내가 한국 비거주자로 판단된다면 국제조세조정에관한법률에 따라서 A 씨가 한국의 과세당국에 증여세를 납부하여야 한다. 증여세는 증여받은 사람이 납부하는 세금임에도 불구하고 예외적으로 증여자에게 부과하는 것이다. 비

거주자가 해외재산을 증여받는데 한국의 과세당국에 증여세를 납부한다는 것이 쉽게 납득하기 어렵긴 한데, 과세당국은 취득과세형인 현행 증여세법을 보완하는 취지라고 하고 있다.

이 경우에 특히 문제가 되는 것은 아내가 비거주자이므로 증여재산공제 6억 원을 적용받지 못한다는 데 있다. 즉, 증여재산 10억 원 전액에 대해서 증여세를 납부해야 한다는 의미인데, 기러기 가족에 대해서 비거주자로 본 판례들도 많으므로 A 씨의 경우에는 좀 더 보수적인 접근이 필요하다.

한편 증여와 달리 상속의 경우에는 재산을 물려주는 즉, 피상속인을 기준으로 세금이 달라진다. 피상속인이 거주자인 경우에는 국내와 해외의 모든 상속재산에 대해 상속세를 내야 하는 반면, 모든 상속공제도 가능하다. 그러나 피상속인이 비거주자인 경우에는 국내의 상속재산에 대해서만 상속세를 납부하면 되지만, 기초공제 2억 원만 공제하고 나머지 상속공제 등은 전혀 적용되지 않는다는 단점도 있다. 따라서 비거주자가 국내에만 상속재산을 남기고 사망한 경우에는 상속세 부담이 커지게 된다. 가족의 거주상황이 점점 세계화되는 추세 속에 거주자·비거주자의 장·단점을 잘 이해하여 수증자 및 피상속인의 지위를 사전에 조정해 둘 필요가 있다.

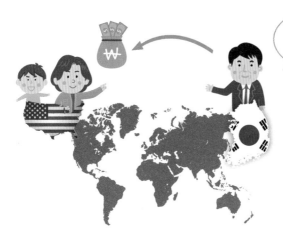

영주권이나 시민권이 있다고 해서 반드시 비거주자인 것은 아닙니다.

일상생활에서의
증여세 노출에 주의하자

―

일상생활에서도 의외로 증여세 위험에 쉽게 노출될 수 있다. 실무에서 자주 발생하는 사례들을 살펴보아서 주의를 환기시키고자 한다.

• 금융상품이나 전세계약

부부가 금융상품에 가입하거나 전세계약을 할 때, 이런저런 이유로 쉽게 서로의 명의를 바꾸는 경우가 많다. 그러나 그 실체소유자를 증명하지 못한다면 명의자가 변경될 때마다 증여세가 부과될 수 있다. 누가 실질 소유자인지는 납세자가 객관적 증거자료(예: 최초 자금의 출처와 이자 및 배당수익의 귀속, 계약기간 종료 시 원리금의 귀속, 전세금의 출처와 그 사용처 등)를 바탕으로 소명해야 한다. 그러나 이 과정에서 다른 자금거래가 포착되어 증여로 의심을 받는 경우도 있다. 따라서 금융상품이나 전세계약의 명의자를 정하는 일은 신중히 판단해야 한다.

• 생활비나 학자금

부모와 자녀는 민법상 서로 부양할 의무가 있다. 따라서, 스스로 생계능력이 없는 자녀나 부모를 위한 학자금이나 생활비에 대해서는 증여세를 부과하지 않는다. 그러나 이 돈을 생활비 등에 사용하지 않고 부의 축적(예: 금융상품 가입, 채무 상환 등)에 사용한다면 증여세가 과세될 수 있다. 돈의 크기로 판단하는 것이 아니라 생계유지를 위한 지출인지 여부를 따지게 되는데, 실무에서는 지급된 자금의 성격이 무엇인지에 따라서 증여세가 달라지므로 과세당국과 첨예하게 대립하는 분야이기도 하다.

한편, 부모가 경제적 능력이 있음에도 불구하고 조부모가 손주에게 학자금(또는 생활비)을 지급한다면 이 또한 증여세가 부과된다. 최근 해외 유학생이 증가하는 상황에서 이 부분에 대한 과세가 많이 이루어지고 있으므로 주의를 요한다.

• 축의금과 조의금

사회통념상 타당한 범위의 축의금이나 조의금에 대해서는 증여세를 부과하지 않는다. 그러나 그 타당한 범위를 벗어났을 경우에는 증여세를 부과하는데, 이 때는 축의금 또는 조의금이 누구에게 귀속될 것인가가 쟁점이 된다. 조의금이 상속인에게 귀속된다는 점에는 논란의 여지가 없다. 그렇다면 결혼 축의금은 누구에게 귀속된다고 보는 것이 타당할까? 판례는 귀속이 불분명한 경우 혼주, 즉 부모님에게 귀속된다고 보는 입장이다. 만약 부모님이 아닌 신랑·신부에게 귀속된다고 주장하고 싶다면, 직접 지인들로부터 축의금을 받아 그 명단과 내역을 기록하여 자금출처를 분명히 해 두는 것이 좋다.

한편, 특정인별로 증여받은 금액이 50만 원 이하인 경우에는 증여세를 부과하지 않는 면세점 기준에 따라 일반적인 결혼 축의금에 대해서는 증여세가 부과되지 않는 것이 보통이다. 그런데 사회통념에 비추어 사치스러운 수준의 혼수품을 받는다면 증여세가 부과될 수도 있다.

· 신혼집 마련 자금

우리나라는 부유층이 아니더라도 자녀가 결혼할 때 부모님이 신혼집 마련 자금의 일부 또는 전부에 대해서 지원해 주는 관습이 있는데, 이런 경우에도 증여세를 부과하는가? 세법에 따르면 10년 동안 5천만 원(미성년자는 2천만 원)을 초과하면 증여세를 부과하므로 당연히 과세대상이지만, 그동안은 세무행정의 여력이나 사회통념을 고려하여 대부분 과세되지 못하고 있었다. 그러나 경제규모가 커지고 부동산가격이 상승하여 신혼집 마련을 위한 증여액도 커졌다고 판단한 세무당국은 증여세 조사를 확대하기 시작했고, 실제로 증여세를 부과한 사례가 점점 늘고 있다. 따라서 자녀가 결혼하기 전부터 소득신고나 예금관리 등을 꾸준히 하여 자금출처조사에 대비할 필요가 있다.

· 계모임

학창 시절의 친구들끼리 회식비를 모으는 정도의 계모임이라면 상관없겠지만, 경우에 따라서는 목돈 마련을 목적으로 하는 계모임도 있다. 이런 계모임의 사무를 주관하는 사람의 통장을 들여다 보면 세무당국이 조사를 자세히 하고 싶은 유혹이 생기게 된다.

계모임을 주관하는 사람은 향후에 세무조사가 있을 수도 있다는 생각으로 평소에 자금관리를 신중히 해야 한다. 즉, 개인적인 자금거래와 계모임의 자금거래를 엄격히 구분하고, 회비수입과 원리금의 반환은 반드시 온라인으로 거래하며 회계장부를 투명하게 관리해야 한다.

이렇게 한다면 경우에 따라서 회원들이 수령한 목돈이 회원들의 자금출처조사에 도움이 되는 경우도 많다.

• 신용카드의 대여

마일리지나 할인혜택 등을 이유로 자신의 카드를 타인에게 빌려주고 그 카드대금을 돌려받는 사례를 종종 볼 수 있다. 그러나 이런 거래를 자주하게 되면 특정인의 카드를 집중적으로 사용하게 되어 소비지출액이 엄청난 것처럼 보일 수 있다.

이렇게 되면 세무당국으로부터 불필요한 오해를 받아서 자금출처조사에 노출되기도 하고 다른 증여세 조사로 확대될 수도 있다. 또, 투병 중이거나 고령인 부모님을 대신해서 자녀가 자신의 카드로 대금결제 후에 돌려 받은 카드대금에 대해 상속세 조사과정에서 증여로 오해받는 경우도 실무에서는 자주 발생한다.

따라서 불필요한 신용카드 대여는 자제하는 것이 좋고, 불가피하게 대여를 했다면 구입물품의 실제 사용자를 입증할 수 있는 증빙과 함께 해당 카드사용대금을 금융거래로 회수하는 식으로 혹시 모를 세무당국의 소명요청에 대비하는 습관이 필요하겠다.

PART 02

상속세

상속인들과 함께 지난 10년 동안의 금융거래 등에 대한 소명자료를 준비하다 보면 고인의 생활이나 마음을 좀 더 이해하게 된다.

비록 고인은 영면하지만 자손들과 상속재산이 영원하기를 바라는 마음은 인간의 본능일 것이다. 마찬가지로, 상속세를 줄이고자 하는 노력 또한 당연한 것이다.

상속세를 신고하면서 제일 안타까운 점은 사전증여나 상속재산의 재구성 등을 통하여 미리 절세전략을 수립하지 못한 부분이다. 특히, 부동산이나 비상장주식만을 상속재산으로 남겨서 자손들이 곤란해지는 경우에는 차라리 상속을 포기하는 것이 나은 사례도 있다.

생전에 절세전략을 충분히 실행하지 못했다면 상속재산을 분할하는 방법이나 가족들의 재산변동내역에 대한 소명자료 등으로 절세전략을 보완해야 할 것이다.

여기서는 상속세 구조와 상속재산 파악 및 분할에 대해 알아보고, 구체적인 사례를 통해 현명한 절세방법들을 생각해 보고자 한다.

Chapter
01

상속세의 이해

상속세의 구조와 특징

사망이나 실종 등으로 인해 재산을 무상으로 이전하는 '상속'에서 사망자(피상속인)로부터 재산을 받는 사람을 '상속인'이라 부른다. 상속에는 유언에 의하여 재산을 증여하는 '유증'과 사망을 원인으로 효력이 발생하는 증여계약인 '사인증여'도 포함된다.

상속세는 피상속인이 남긴 모든 상속재산을 하나로 보아 전체 상속세를 산출한 후, 상속인들 각자가 받은 상속재산에 비례해 상속세를 안분하는 구조이다. 이는 앞서 살펴본 증여자별·수증자별로 각각 과세하는 증여세와 가장 큰 차이점이다.

하지만 상속인에게 사망 10년 전까지 증여한 재산은 상속재산에 다시 합산하여 과세하는 구조나, 입증책임 및 제척기간 등은 증여세와 유사하다. 다만, 상속세는 증여세와 달리 각자가 받은 상속재산을 한도로 다른 상속인들의 상속세에 대해서 연대납세의무가 있다.

상속재산이 클수록 상속세도 급증한다. 상속한 재산이 각각 10억 원, 30억 원, 100억 원인 다음 세 가지 사례에 대한 상속세를 일반화해서 계산해 보면 다음과 같다.

(단위: 원)

구분	10억 원 상속	30억 원 상속	100억 원 상속
㉮ 총상속재산가액	1,000,000,000	3,000,000,000	10,000,000,000
㉯ 장례비용 등	15,000,000	15,000,000	15,000,000
㉰ 상속세 과세가액	985,000,000	2,985,000,000	9,985,000,000
㉱ 상속공제	500,000,000	500,000,000	500,000,000
㉲ 과세표준	485,000,000	2,485,000,000	9,485,000,000
㉳ 세율	10~50%	10~50%	10~50%
㉴ 산출세액	87,000,000	834,000,000	4,282,500,000
㉵ 세액공제	2,610,000	25,020,000	128,475,000
㉶ 신고납부세액	84,390,000	808,980,000	4,154,025,000
㉷ 평균적용세율	8.4%	27.0%	41.5%

위의 상속세 계산내역을 항목별로 살펴보면서 상속세의 구조를 이해해 보자.

㉮ 총상속재산가액

'총상속재산가액'이란 사망으로 이전되는 모든 재산가액을 의미한다. 그 구체적인 평가방법은 앞서 살펴본 증여재산의 평가방법과 동일하다

총상속재산에는 예금·부동산 등 본래의 상속재산은 물론이고, 보험금·퇴직금 등 상속재산으로 간주되는 재산, 상속개시일 전 1년(2년) 이내에 재산을 처분하거나 채무를 부담한 가액이 2억 원(5억 원) 이상이어서 상속재산으로 추정되는 가액, 상속인에게 사망일 10년 전(상속인 외의 자에게는 5년)까지 증여한

재산이 모두 포함된다.

❹ 장례비용 등

장례에 소요된 비용(1,500만 원 한도), 상속개시일 현재 피상속인에게 부과된 제세금과 공과금 및 피상속인의 채무는 상속재산에서 차감한다.

❺ 상속세 과세가액

상속세 과세가액 = ❼ 총상속재산가액 − ❹ 장례비용 등

❻ 상속공제

상속공제에는 가업상속공제를 포함하여 무조건 2억 원 등을 공제하는 기초공제, 배우자상속공제 등 상속인의 구성요소에 의하여 공제금액이 정해지는 인적공제와 금융재산상속공제나 동거주택상속공제와 같이 상속재산의 구성에 따라 공제금액이 정해지는 물적공제 등이 있다.

상속공제는 최소 5억 원인 배우자상속공제 외에도 다른 상속인에 대한 인적공제를 최소한 5억 원까지 보장하고 있으므로 배우자와 자녀가 상속인이 되는 경우에는 상속재산이 최소한 10억 원은 넘어야 상속세가 과세된다. 배우자마저 사망한 경우라면 상속재산이 5억 원만 넘으면 과세되는 것이다.

위의 사례들에서는 피상속인의 배우자가 없고 자녀만 있는 경우를 가정하였으므로 일괄공제 5억 원만 적용되었다.

㉠ 과세표준

> 과세표준 = ㉢ 상속세 과세가액 − ㉣ 상속공제

㉡ 세율

상속세율은 증여세율과 마찬가지로 다음의 5단계 초과누진세율을 적용하고 있다.

과세표준	산출세액
1억 원 이하	과세표준의 10%
1억 원 초과 5억 원 이하	1천만 원 + 1억 원 초과액의 20%
5억 원 초과 10억 원 이하	9천만 원 + 5억 원 초과액의 30%
10억 원 초과 30억 원 이하	2억 4천만 원 + 10억 원 초과액의 40%
30억 원 초과	10억 4천만 원 + 30억 원 초과액의 50%

㉢ 산출세액

> 산출세액 = ㉠ 과세표준 × ㉡ 세율

㉣ 신고세액공제 등

상속받은 날이 속하는 달의 말일로부터 6개월이 되는 날까지 상속세를 자진해서 신고하면 산출세액의 3%를 공제받는다. 그러나 이 기한까지 신고하지 않을 경우에는 신고세액공제를 적용받지 못할 뿐 아니라, 무신고가산세 20%(부당무신고의 경우 40%)까지 부과된다. 결국, 지연납세에 따른 가산세(연간 9.125%)는 별도로 하더라도 자진신고하는 경우에 비하여 상속세가 23~43% 이상 커지는 것이다. 한편 이와 같은 신고세액공제 및 가산세 미적용은 신고만 하고 납부는 하지 않은 경우라도 적용받을 수 있다. 따라서 세금을 납부할 자금이 부족한 경우에도 일단 신고는 하는 것이 유리하다.

㉝ 신고납부세액

'신고납부세액'이란 납세자가 최종 납부할 세액을 말하는 것으로, 산출세액에서 신고세액공제 등을 차감하여 계산한다.

신고납부세액 = ㉘ 산출세액 − ㉙ 신고세액공제 등

㉞ 평균적용세율

'평균적용세율'은 상속받은 재산가액 대비 최종 납부하는 상속세 비율을 산정해 본 것이다. 상속재산이 증가함에 따라 상속세 부담비율이 급증하는 이유는 5단계 초과누진세율이 적용되기 때문이다.

평균적용세율 = ㉝ 신고납부세액 / ㉮ 상속재산가액

 하나 더

사망이 개시되면 상속인들이 일반적으로 챙겨야 할 것들은 다음과 같다.

구분	내용	기한
사망신고	사망진단서 등 사망을 증명하는 서류와 신고인의 신분증을 지참하여 시(구)·읍·면·동 주민센터에 신고	1개월 이내
상속재산의 조회	안심상속 원스톱 서비스를 시(구)·읍·면·동 사무소에서 신청	상속세 신고 전까지
상속재산의 분할	유언, 협의분할, 판결 등 법률전문가와 상담	상속세 신고 전까지
상속포기 및 한정승인 신청	상속재산과 피상속인의 주소지 관할 가정법원에 상속이 개시된 사실을 안 날로부터 3개월 내에 신청	3개월 이내
상속재산의 등기 등	유언, 협의분할, 판결 등에 따라 분할된 상속재산을 상속인 명의로 등기소에 등기·등록·명의개서 등	6개월 이내
상속세의 신고납부	피상속인 주소지 관할 세무서에 사망일이 속하는 달의 말일로부터 6개월이 되는 날까지 자진신고 및 납부	6개월 이내
기타 세금의 신고납부	• 피상속인의 종합소득세 • 상속재산에 대한 취득세	6개월 이내
배우자 분할신고	배우자가 상속받은 재산을 등기·등록·명의개서	12개월 이내
상속세 조사	관할 세무서 또는 지방국세청에서 세무조사	대체로 1~2년
고액상속재산 사후관리	30억 원 이상의 상속재산은 5년 이내에 상속인의 재산 증감에 대하여 재조사	5년 이내
기타	• 국민연금 신청 • 보험금 지급청구 • 자동차 소유권 이전 • 사업자등록증 및 영업허가증 등의 정정	

Bonus Tip

상속재산 **파악하기**

상속세를 신고하기 위해서는 먼저 전체 상속재산을 파악해야 하는데, 만약 신고한 상속재산에 누락이 있다면 무신고가산세 등이 적용된다.

종전에는 금융감독원이나 지방자치단체를 방문하여 상속재산을 파악하여야 했으나 2015년 7월부터는 '안심상속 원스톱 서비스(http://www.gov30.go.kr)'를 이용하여 금융재산·토지·자동차·국세 및 지방세·국민연금을 모두 한꺼번에 조회할 수 있게 되었다. 다만 조회된 결과에 누락이 있는 경우도 있으므로 반드시 다른 참고자료와 비교를 해 봐야 하며, 정확한 금융재산 가액을 알기 위해서는 파악된 금융기관을 다시 한번 방문하는 것이 좋다. 골프회원권이나 비상장주식 및 임차보증금 등 기타의 재산에 대해서는 피상속인의 거주지 관할 세무서 재산세과에서 확인이 가능하다.

한편, 서화·골동품 등 예술품이나 세무당국에 신고하지 않은 임차보증금 등은 피상속인이 생전에 알려 주지 않으면 현실적으로 상속인이나 세무당국이 파악하기 어려울 수 있다.

그런데 상속재산을 파악해 보니 상속재산보다 상속부채가 더 큰 경우가 있을 수 있다. 이때는 상속포기나 한정승인을 신청할 수 있는데 '상속포기'는 상속재산과 상속채무 모두를 무조건 포기한다는 의미이고 '한정승인'은 상속재산의 범위 내에서만 상속채무를 책임지겠다는 뜻이다. 상속포기와 한정승인 모두 자신이 상속인이라는 사실을 안 날로부터 3개월 이내에 법원에 청구하여야 한다.

한편 한정승인은 상속채무가 상속재산보다 클 것인지 확신하기 어려울 때 흔히 선택하게 되는데, 상속재산의 목록을 모두 파악하여 그 재산으로 상속채무를 모두 상환해야 하는 현실적인 어려움도 있다. 이에 비하여 상속포기는 그 절차가 간단하지만 선순위 상속인이 상속포기를 하면 후순위 상속인에게 상속채무가 전가되므로 다음 순위의 상속인들 모두가 상속포기를 해야 하는데, 누락이 있다면 엉뚱하게도 사촌들에게 상속채무가 전가되는 경우도 있다.

후순위 상속인까지 모두 연락이 가능하여 한꺼번에 업무를 처리할 수 있다면 상속포기를 선택하고, 그렇지 않다면 한정승인을 선택하여 선순위 상속인이 상속채무를 정리하는 것이 맞겠지만, 현실적으로는 1순위 상속인 중 한 명이 한정승인을 신청하고 나머지는 상속포기를 하는 방법이 많이 선택된다. 단, 한정승인은 상속재산을 경매 등을 통하여 매각한 대금으로 상속채무를 상환한 것이 되므로 경매가액 등이 상속재산가액보다 클 경우에는 상속인들이 양도소득세를 추가로 납부해야 하는 점도 고려해야 한다.

만약 3개월 이내에 상속포기나 한정승인을 청구하지 않으면 상속을 승인한 것으로 간주한다. 또 상속포기와 한정승인을 청구하기 전에 상속재산을 처분하거나 협의분할하는 경우 및 상속포기와 한정승인을 청구하고 나서 상속재산을 숨기는 행위 등을 하면, 상속포기나 한정승인이 인정되지 않고 상속을 승인한 것으로 간주하므로 주의해야 한다. 다만 상속인이 수익자로 된 보험계약의 생명보험금을 수령하거나 국민연금공단으로부터 유족연금을 받는 행위는 상속재산을 처분하거나 숨긴 행위로 보지 않는다.

상속재산을 분할하기

피상속인이 사망하면 그 시점에서 그가 소유하던 부채를 포함한 모든 재산이 상속인에게 상속개시된다. 즉, 피상속인의 사망시점이 상속개시시점인 것이다. 상속세 신고를 위해서는 이 상속개시시점이 중요하다. 왜냐하면, 그 시점에 따라 상속재산의 평가기준이 되는 시가의 적용이나 특정 채무의 성립여부 등 상속세 과세가액의 크기가 달라지기 때문이다.

다음으로, 상속을 받게 될 상속인이 누구인지 정해야 한다. 민법에서는 직계비속을 1순위 상속인으로 하고 있다. 만약 1순위 상속인이 한 명도 없다면 직계존속을 2순위 상속인으로 하고, 이마저도 없다면 형제자매를 3순위로, 4촌 이내 방계혈족을 4순위 상속인으로 하도록 하고 있다. 그리고 배우자는 1순위 상속인 또는 2순위 상속인과 동일한 순위가 되며, 1순위 상속인과 2순위 상속인이 모두 없다면 배우자가 단독으로 상속인이 된다.

상속인이 정해지면 피상속인의 상속재산을 상속인들에게 분할하게 된다. 이때 피상속인의 유언이 있다면 그 유언에 따라서 분할한다. 유언은 그 유효성에 대해 상속인들 간에 분쟁의 여지가 많으므로 자필증서, 녹음, 비밀증서, 공정증서 및 구수증서의 5가지 엄격한 형식만을 인정하고 있다. 피상속인은 이러한 형식을 갖춘 유언에 의해서만 자신의 재산을 생전에 미리 분할할 수 있다.

또 피상속인은 법적 상속인이 아닌 자에게도 '유언에 의하여' 상속재산을 물려줄 수 있다. 예를 들어, 자녀들이 생존해 있다면 법적 우선순위에 의해 자녀들이 상속인이 되고 며느리나 사위 및 손주는 상속인이 아니므로 이들에게는 상속재산이 분할되지 않을 것이다. 그럼에도 불구하고 유언을 한다면 며느리나 사위 및 손주에게도 상속재산을 분할할 수가 있다.

피상속인의 유언이 없다면 상속인들끼리 서로 협의하여 상속재산을 분할할 수 있는데 이를 '협의분할'이라 하고, 이 협의분할이 이뤄지지 않을 경우에는 민법에서 정하고 있는 상속비율인 법정상속분에 따라 분할하게 된다. 현재, 법정상속분은 공동상속인의 상속분을 동일하게 하되, 배우자에 한해 50%를 가산하도록 하고 있다. 예를 들어 아들 한 명과 딸 한 명 및 배우자가 공동상속인이 되는 경우, 아들과 딸 및 배우자의 법정상속분은 1 : 1 : 1.5가 되는 식이다.

상속재산과 달리 상속채무는 유언이나 협의분할에 의하여 분할할 수가 없다. 만약 상속채무의 임의분할을 허용한다면, 재산이 작은 상속인에게 상속채무를 모두 분할해 버려 채권자의 채권 확보가 어려워질 가능성이 있기 때문이다. 따라서 채권자의 동의가 없다면 상속채무는 법정상속비율대로 분할되는 것이다. 만약 채권자의 동의가 있다면 법정상속비율과 다르게 상속채무를 분할할 수도 있는데, 이때 특정 상속인이 자신의 상속재산을 초과하는 채무를 인수함으로써 다른 상속인이 얻은 이익에 대해서는 그 다른 상속인에게 증여세가 부과된다.

한편 상속재산을 분할하는 권한은 기본적으로 피상속인에게 있으나, 그렇다 하여 이것을 무한정 허용한다면 특정 상속인의 상속권이 지나치게 침해될 수도 있을 것이다. 이를 방지하기 위해 '유류분' 제도가 있다. 즉, 상속이 개시되면 배우자와 직계비속은 법정상속분의 1/2, 직계존속과 형제자매는 법정지분의 1/3 만큼을 유류분으로 규정하고 있다. 따라서 상속인들은 상속재산 중 최소한 유류분만큼은 보장받게 되는 것이다.

이 외에도 공동상속인 중에서 피상속인을 특별히 부양하거나 상속재산의 형성에 특별히 기여한 상속인을 보호하기 위한 기여분제도 등도 있다.

상속재산은 상속세 신고기한까지만 분할하면 된다. 이미 분할이 확정된 상속재산이 재분할되어 상속인 사이에 상속재산의 증감이 발생할 경우, 그 증감액을 새로운 증여로 보아 증여세가 부과된다. 다만 이러한 재분할이 상속세 신고기한까지 이루어지는 경우에는 증여세를 부과하지 아니한다.

상속재산을 분할하는 비율은 상속세의 계산과 납부에도 중요한 요소이다. 상속세는 전체 상속재산에 대하여 일단 계산한 후, 그것을 상속재산 분할비율로 안분하여 각자 납부하기 때문이다. 만약 상속인들 중에 각자의 상속세를 납부하지 아니한 경우에는 나머지 상속인들이 각자가 받은 상속재산을 한도로 연대하여 납세할 의무가 있다. 이때, 연대하여 납세할 책임에 따라 대신 납부하는 세금에 대해서는 증여로 보지 아니한다.

한편 상속재산을 분할한 후 막상 상속세를 납부해야 할 시점이 됐을 때, 일부 상속인들이 나 몰라라 하는 경우를 종종 볼 수 있다. 그렇게 되면 연대납세의무에 따라 다른 상속인들이 일단 상속세를 모두 납부한 후에 대신 납부한 상속세를 체납한 상속인으로부터 받아 내게 되는데 그 과정에서 분쟁이 발생하기도 한다. 따라서 상속재산을 분할하는 시점에 미리 상속세를 계산하여 갹출해 두는 것이 현명하다.

 하나 더

상속재산이 부동산 하나밖에 없는 경우라면 상속인들이 공유하게 된다. 이때 만약, 여러 사정으로 부동산을 분할하여 소유하기를 원치 않는 상속인이 있어서 다른 상속인이 그 부동산 지분만큼을 자신의 고유 현금으로 지급하고 부동산 지분을 인수하면 어떻게 될까?

이런 상황에서는 현금을 받은 상속인이 해당 부동산의 지분을 양도한 것으로 보아 양도소득세를 부과하게 되는데 문제는 현금으로 수수되는 가액이 얼마냐에 있다. 앞에서 살펴본 바와 같이 상속재산가액을 평가함에 있어서 부동산은 그 시가를 파악하기가 어려워서 기준시가로 평가하여 상속세를 납부하게 되는데 기준시가는 대체로 시가보다 낮은 것이 현실이다.

현금을 받는 상속인이 해당 부동산의 지분을 양도하면서 기준시가에 해당하는 수준의 현금만 받는다면 문제가 없겠지만, 현실적으로는 시가 수준의 현금을 받으려 할 것이다. 그렇게 되면 상속세를 부과하기 위한 해당 부동산의 평가액은 기준시가가 아닌 시가가 적용될 여지가 있다. 이것은 현금을 주고 받은 상속인에게만이 아니라 해당 부동산 전체에 대하여 적용되게 되므로, 모든 상속인들의 상속세가 전체적으로 급증하는 문제가 생길 수 있다는 점을 기억해야 한다.

— Bonus Tip —

상속세의
절세전략

10년 동안 자금거래추적은
상속세 조사의 출발이다

절세노트

상속세 조사의 본질은 사전증여 여부이며 이는 자금거래추적에서 출발한다. 상속세 조사가 시작되면 세무당국은 기본적으로 피상속인의 사망 전 10년 동안의 재산변동내역, 특히 금융거래 입출금내역을 모두 조회하여 그 내용에 대해 소명을 요청한다. 따라서 평소에 큰 거래 중심으로 세무조사를 염두에 두고 증빙서류 등을 확보하는 것이 필요하다.

심층분석

고령에다가 노환을 앓고 있는 A 씨는 자신이 사망한 후에 자녀들에게 과도한 상속세가 부과될 것을 고민하다가 상속재산을 감소시켜 상속세를 줄이는 방법을 생각하는 중이다. 즉, 현재 A 씨가 보유하고 있는 부동산을 매각하거나 자신의 예금을 인출하고 차입금을 증가시킨다면 상속재산이 줄어들 것이니 상속세 또한 작아질 것이고, 또 현금형태로 자녀들에게 증여한다면 그 증여사실을 세무당국이 포착하기 어려울 것이므로 증여세도 줄게 되어 일거양득이라고 생각한 것이다.

A 씨의 이런 계획은 좋은 절세전략이라 할 수 있을까? 결코 그렇지 않다. 이런 식으로 상속재산을 줄일 수 있으면 누구라도 할 것이다.

사실, 상속세 조사는 이름과 달리 그 실질은 사전증여 여부에 대한 조사라고 할 수 있다. 남겨진 상속재산에 대한 상속세가 제대로 계산되었는지는 반나절이면 검토할 수 있다. 100일 동안 여러 명의 세무조사관들이 상속세 조사에 매달리는 이유는 은밀한 방법으로 사전에 상속인들에게 재산이 흘러가지 않았는지 추적하기 위함이다. 답답하겠지만, A 씨가 생각하는 내용은 세무조사관들이 피상속인과 상속인들을 바라보는 기본적인 시각이다.

즉, 예금의 인출이나 차입금의 증가처럼 상속될 재산을 줄이는 행위가 종류별로 일정 금액 이상인 경우에는 그 지출용도를 상속인들에게 소명하도록 하되, 소명되지 않은 금액에 대해서는 현금 등의 형식으로 은밀하게 증여한 것으로 추정하여 상속세를 부과한다.

우선, 상속으로 추정되는 행위는 다음과 같이 각각 4가지로 구분한다.

▶ 현금이나 예금을 인출하거나 유가증권을 처분한 경우

▶ 부동산이나 부동산에 관한 권리를 처분한 경우

▶ 그 외의 기타 재산을 처분한 경우

▶ 부채(차입금, 임대보증금 등)를 증가시킨 경우

상속세 조사를 시작하면 세무당국은 위 4가지 행위별로 사망 전 1년 이내에 2억 원 이상이거나 사망 전 2년 이내에 5억 원 이상인 경우에 그 사용처를 우선적으로 묻게 되는데, 부동산 등 재산의 처분 및 부채 증가의 경우에도 예금거래현황에서 단서가 많은 편이므로 통상 예금 인출액을 중심으로 조사가 시작된다.

상속인들이 피상속인의 지출용도를 모두 소명하기 어려울 수 있다는 현실을 어느 정도 인정해 주고는 있는데 소명하지 못한 금액 즉, 용도가 불분명한 금액 전체에 대해 상속세를 부과하지는 않고, 추정상속재산(= 용도가 불분명한 금액 – 상속될 재산을 줄이는 행위의 종류별 금액의 20%와 2억 원 중 작은 금액)에 대해서만 상속세를 부과하는 것이다.

이런 추정상속재산으로 과세되는 사례를 살펴보자. 지병으로 고생하다 최근에 사망한 B 씨의 자녀들은 고인의 사망 전 재산변동내역을 파악한 결과 다음의 내용을 알게 되었다. 상속세를 부과하는 추정상속재산은 얼마나 될까?

(단위: 원)

구분	예금 인출	부동산 매각	부채의 증가	비고
시기	사망 1년 전	사망 1년 전	사망 2년 전	
㉮ 대상금액	190,000,000	300,000,000	600,000,000	
㉯ 지출용도 소명	N/A	250,000,000	200,000,000	
㉰ 지출용도 불명	N/A	50,000,000	400,000,000	= ㉮ - ㉯
㉱ 차감기준액	N/A	60,000,000	120,000,000	Min(㉮ × 20%, 2억원)
㉲ 추정상속재산	N/A	N/A	280,000,000	= ㉰ - ㉱

우선, 사망 1년 전에 인출한 예금 1억 9천만 원에 대해서는 상속세가 부과되지 않는다. 그 인출액이 유형별로 2억 원 미만이기 때문이다.

부동산을 3억 원에 매각한 건은, 사망 1년 전 매각액이 유형별 기준금액인 2억 원 이상이므로 일단 매각대금 3억 원의 지출용도에 대해서는 상속인들이 소명해야 한다. 이에 상속인들은 매각대금 3억 원 중 2억 5천만 원의 사용처에 대해서는 소명할 수 있다. 용도가 소명되지 않은 나머지 금액 5천만 원이 차감기준액 6천만 원(= 종류별 금액 3억 원의 20%와 2억 원 중 작은 금액)보다 더 작으므로 결국, B 씨의 생전 부동산 매각대금 3억 원에 대해서도 상속세가 부과되지 않는다.

마지막으로, 피상속인이 사망하기 2년 전에 차입한 6억 원을 살펴보자. 차입금액이 유형별 기준금액인 5억 원 이상이며 그중 상속인들이 지출용도를 소명할 수 있는 금액은 2억 원에 불과하다. 따라서, 용도가 불분명한 금액 4억 원에서 1억 2천만 원(= 종류별 금액 6억 원의 20%와 2억 원 중 작은 금액)을 차감한 2억 8천만 원만큼을 추정상속재산으로 보아 상속세가 부과된다.

즉, B 씨가 사망하기 2년 전에 차입한 6억 원 중에서 2억 8천만 원은 현금과 같이 세무당국이 포착하기 어려운 재산의 형태로 자녀들에게 은밀하게 증여되었다고 추정한다는 의미이다.

그런데 여기서 주의해서 살펴보아야 할 부분이 있다. 바로 B 씨가 사망하기 전 1년 동안 인출한 예금 1억 9천만 원이다. 앞에서 언급되었듯이 사망 전 1년 이내에 인출된 예금이 2억 원 미만이므로 일단 상속재산으로 추정하지는 않는다. 그러나, 이는 추정일 뿐 이 중에서 개별로 증여된 금액이 확인되면 과세를 하므로 무조건 무시할 수는 없다.

　실무적으로는 세무당국이 피상속인의 사망 전 10년 동안에 대한 예금출금내역을 금융기관으로부터 모두 조회해서 살펴보고 통신요금이나 공과금처럼 표시된 거래내역만으로 알 수 있는 거래를 제외한 모든 지출에 대해서 상속인들에게 소명할 것을 요청하게 된다. 결과적으로는 아주 소액이라도 **현금출금이나 수표 인출 및 계좌이체 내역**이 주요 소명대상이 되는데, 인출된 현금출금기의 위치정보까지 파악되므로 자녀가 부모의 현금카드를 사용하는지도 살펴보고 있다.

　이 과정에서 생전에 증여된 금액이 발견되기도 하는데 예를 들어, B 씨가 사망하기 1년 전에 인출한 예금 1억 9천만 원 중에서 자녀에게 증여한 5천만 원이 발견된다면 이에 대해서는 직접 증여로 보아 증여세와 상속세를 부과하게 되는 것이다.

　이는 '사전증여재산의 가산'이라는 규정에 근거한 것으로, 상속인이 피상속인으로부터 사망 전 10년(상속인 외의 자는 5년) 이내에 증여받은 재산이 있는 경우에는 상속재산에 가산하여 상속세를 계산하도록 하고 있기 때문이다.

세무당국은 금융기관에 피상속인의 모든 금융거래를 조회(상속재산이 30억 원 이상이면 상속인도 조회)하여 사망하기 전 10년 동안 사전증여를 했는지 여부에 대해 조사한다. 실무적으로는 금융기관으로부터 취합된 모든 입출금내역을 상속인과 세무대리인에게 제시하면서 거래내용과 그 증빙서류를 제출하라는 식으로 진행되는데, 사망 전 2년 동안의 거래에 대해서는 1원도 빠짐없이 모두 요청받게 되고 나머지 8년 동안의 거래에 대해서는 선별적으로 요청하게 된다.

그렇다면, 사망 전 2년 동안의 금융거래내역을 대상으로 하는 추정상속재산과 사망 전 10년 동안의 금융거래내역을 살펴보는 사전증여재산은 어떻게 다를까?

바로 생전증여 여부에 대한 입증 책임이 누구에게 있는지가 핵심이다. 추정상속재산은 사망 전 1년 내지 2년 동안 인출된 예금 등에서 일정금액 이상 그 사용용도가 불분명하다면 무조건 상속세를 부과하게 되므로 과세대상이 아니라는 사실을 상속인이 적극적으로 입증해야만 한다. 반면, 사전증여재산은 피상속인 사망 전 10년 동안의 구체적인 증여사실을 세무당국이 입증해야 과세할 수 있다.

그런데 사전증여재산을 입증하기 위해서 세무공무원이 친절하게도 먼저 거래내역을 파악해서 상속인에게 설명해 주지는 않는다. 현실적으로는 지난 10년 동안의 금융거래 조회결과를 바탕으로 특정한 출금거래에 대해서 상속인에게 소명을 요청하게 되고 상속인은 그 거래내용과 증빙서류를 제출하는 방식으로 세무조사가 진행된다. 따라서 사실상 10년 동안의 예금 인출내역 전부에 대해 상속인이 소명을 하게 되는 것이다. 결국 납세자 입장에서는 2년 이내의 거래(추정상속재산)에 대한 세무조사나 10년 이내의 거래(사전증여재산)의 세무조사가 체감적으로 크게 다르지 않다고 느끼는 경우가 대부분이다.

입증책임이 과세당국에 있는 대상기간(10년 이전부터 3년 이전까지)에 대한 거래내역은 상속인들이 걱정하지 않아도 된다는 풍문이 있기도 하지만 실무적으로는 전혀 그렇지 않다. 예를 들어, 9년 전에 현금 10억 원을 인출해서 마늘밭이나 금고에 두고 사용하는 경우에 세무공무원이 입증할 방법이 없어서 패스하기로 하면 상속세를 피하는 일이 얼마나 쉽겠는가? 실제 세무조사에서는 현금이 한꺼번에 출금되었건 아니면 조금씩 나누어서 출금되었건과 상관없이 그 실체적 진실에 접근하고자 하는 무수한 방법으로 조사가 진행된다. 그런 분야에 특화된 사람들이 바로 세무공무원이며, 그들 또한 자신이 조사했던 내용은 여러 번의 내부감사로 재조사를 받고 있기 때문에 자의적으로 처리할 수 없는 형편이다.

조사와 소명의 핵심은 대체로 인출된 예금이 상속인 등에게 귀속되지 않았다는 사실을 밝히는 것이므로, 인출된 예금의 사용처와 그 용도 및 증빙서류 등을 통해 소명하게 된다.

고령의 피상속인이 송금한 상대방이 간병인이라면 그 간병인의 인적사항과 간병사실 확인서 등이 필요할 것이고, 지인으로부터 차입했던 자금을 상환한 것이라면 자금 대여자의 인적사항과 차입사실 및 그동안의 이자지급내역으로 소명하면 된다. 그런데 이런 거래의 입금과 송금이 금융거래로 이루어졌다면 그나마 다행이지만, 현금으로 출금하여 지급한 내용들은 세무당국으로부터 타당한 증빙으로 인정받기가 더욱 어려워진다.

만약, 피상속인이 예금통장에서 현금으로 인출하여 간병인에게 보수를 지급했다면 그 사실을 어떻게 소명할 것인가? 우선 피상속인이 생전에 간병인이 필요할 정도의 지병을 앓고 있었다는 사실이 필요할 텐데, 이때는 병원의 진료기록과 의료비 지출 영수증 등이 도움이 될 것이다. 간병기간과 간병비용의 소명을 위해서는 예금통장에서 인출한 예금의 정황과 간병인의 확인서 등이 반드시 필요하며, 약국에서 약을 구입한 영수증도 비록 정확하거나 충분한 금액은 아니어도 간병인에 대한 지출정황을 설명하는 데는 도움이 된다.

일상적인 피복비와 식대 등의 생활비 지출액은 어떻게 소명할 것인가? 신용카드를 사용했다면 명확하겠지만 현금으로 지출한 비용에 대해서는 통계청 등에서 발표하는 가족 생활비에 대한 통계자료 등을 활용할 수도 있다.

많은 상속인들은 입증해야 할 상당부분을 금융기관 등으로부터 쉽게 도움받을 수 있을 거라 생각하지만, 실무를 진행해 보면 그렇지 못한 경우도 많다. 예를 들어 9년 전에 피상속인의 거래은행에서 수표로 출금되어 타인에게 입금된 거래내역을 파악하기 위해 해당 은행에 입출금 전표를 요청해 보면 은행은 이미 폐기해 버려서 자료가 남아 있지 않다는 답변을 하는 경우가 많다. 또, 병원의 경우 5년 이상 지난 영수증은 대부분 발급받기 어렵다.

상속인 본인의 자금거래내역도 시간이 지나면 소명하기 어려운 마당에 피상속인의 자금지출내역을 수년 뒤에 소명한다는 일은 너무나 어려운 일이다. 그럼에도 불구하고 현실적으로는 그 입증책임을 상속인들에게 모두 부담시키고 있다. 따라서 억울하지만 피상속인과 상속인들은 평소에 큰 거래들을 중심으로 상속 · 증여세 조사를 대비하여 증빙서류들을 보관해 두는 생활습관이 필요하다.

자금거래의 소명을 위해 함께 고생해 주시던 어느 은행 PB께서 세무조사에서 자금추적을 이렇게 자세하게 하는지 몰랐다며 "절세를 위해서는 금융 상품가입도 좋지만 자금관리가 먼저군요."라고 말하셨던 것이 기억난다.

 하나 더

추정상속재산이나 사전증여재산을 파악하는 세무조사는 피상속인의 출금거래만을 대상으로 하지만, 실무적으로는 입금거래에 대해서도 소명요청을 받는다.

피상속인의 입금거래에 대한 세무조사에서 주로 과세되는 유형은 임대소득이나 사업소득 등의 누락에 따른 소득세와 부가가치세 및 관련 가산세이다. 이자 수령액이 발견되기도 하는데 이 경우에는 이자소득세뿐만 아니라 대여채권 원금이 상속재산에 추가되므로 세부담이 급증한다.

—— Bonus Tip ——

타인 명의 대출금은
소명할 준비를 충분히 해 두어야 한다

절세노트

부모님이 부동산을 담보로 대출받을 때, 일정한 소득이 없거나 고령인 이유로 거부당하는 경우가 있다. 이때는 통상 일정한 소득이 있는 자녀 명의로 대출을 받게 되는데 이 대출금 때문에 부당하게 상속세나 증여세를 내지 않으려면, 대출받을 때부터 원리금을 상환할 때까지 부모님의 금융계좌를 통해 거래하고 부모님이 대출심사에서 거절당한 서류들을 보관해 둘 필요가 있다. 부부가 공동명의로 취득하는 부동산에 대한 대출에서도 유사한 문제가 발생한다.

🔍 심층분석

임대용 부동산만을 남기고 사망한 A 씨의 아들은 상속세 조사를 받던 중 당황스러운 상황에 직면하게 되었다. 평소 지병을 앓고 있던 A 씨는 자신과 부인의 병원비를 포함한 생활비가 임대소득만으로는 턱없이 부족하자 10년 전에 은행을 방문하여 자신의 부동산을 담보로 대출을 신청한 적이 있었다.

그러나 당시에 은행은 A 씨가 고령이고 임대소득만으로는 원리금 상환능력이 의심된다고 판단하여 A 씨의 대출신청을 거부했었다. 낙담한 A 씨는 근로소득이 있는 아들을 대출신청자로 하고 자신의 부동산을 담보로 제공하는 방법으로 은행에 다시 대출신청을 하였고, 결국 대출이 승인되어 병원비와 간병비 등의 생활비에 보탤 수가 있었다.

문제는 A 씨 사망 후 상속세 조사과정에서 발생하였다. 아들은 비록 이 차입금이 자신의 명의로 되어 있기는 하나 자신은 한 푼도 사용한 적이 없으므로 당연히 상속재산에서 차감하는 상속채무로 신고하였다. 그런데 세무당국은 아들의 명의로 된 이 차입금에 대해 피상속인(A 씨)의 차입금이라고 판단할 근거가 전혀 없어 사실관계를 상속인인 아들에게 소명토록 요청한 것이다.

그러나 아들은 10년 전 부모님의 은행통장만으로는 이 차입금을 전액 A 씨가 사용했다는 사실을 밝힐 수가 없었다. 또 이 차입금에 대한 이자와 원금을 A 씨가 상환한 내역을 바탕으로 이 차입금이 실질적으로 A 씨에게 귀속되었다는 사실을 밝히고자 하였으나, 현금으로 거래되었던 임대수익과 이를 원천으로 원리금이 상환된 상황이 애매하여 임대소득에 대한 세무조사로 확대될까 두려워 이마저도 포기하였다. 결국 아들은 사용하지도 않은 A 씨의 차입금에 대해 상속세를 추가로 내야 했다.

A 씨 경우처럼 부동산 자산만 많이 보유한 부모님의 경우 생활자금을 위해 은행으로부터 부동산을 담보로 차입하는 과정에서 상환능력 등을 이유로 자녀가 대출명의자가 되는 경우가 종종 있다. 물론 차입금에 대한 원리금은 부모님이 상환하게 된다.

문제는 이 차입금이 부모님이 아닌 자녀의 것으로 오해받는다는 사실이다. 대출의 명의자가 자녀이니 과세당국 입장에서는 당연히 상속채무를 부인할 것이며, 이를 입증할 책임은 상속인에게 있는 것이다.

A 씨 아들의 경우는 차입금을 상환하기도 전에 부모님이 돌아가신 경우인데 반대로 부모님이 생전에 이 차입금을 상환하였다면 어떻게 될까? 이 경우에도 외형상 자녀의 부채를 부모가 대신 상환한 모양새가 되므로 당연히 세무당국은 증여세를 부과하려 할 것이다.

차입금의 명의가 실제 차주와 다르게 되는 경우는 또 있는데, 바로 부부가 공동명의로 부동산을 구입하면서 대출을 받을 때 발생한다. 부동산의 취득등기는 부부공동의 명의로 표시되지만 은행 대출은 현실적으로 한 사람의 명의로만 가능하기 때문이다. 즉, 실질적인 대출금은 부부 공동의 것이지만 남편 혼자 대출 명의자로 표시되는 것이다.

그러면, 자녀나 남편 입장에서는 자신의 명의로 된 차입금이 실제로는 부모님이나 아내의 차입금이라는 사실을 어떻게 소명할 수 있을까?

제일 중요한 것은 은행에서 입금된 차입금, 은행에 지급한 이자, 상환한 원금 등의 모든 거래가 부모님이나 아내의 금융계좌를 통해 이뤄지도록 하는 것이다. 만약 차입금이 자녀나 남편 명의로 입금되었다면 그 차입금을 즉시 부모님이나 아내의 금융계좌로 이체해야 한다. 또 부모님 등과 실제 대출금의 귀속을 확인하는 서류에 공증을 받고, 원리금 상환도 실제에 맞게 금융거래를 통해서 엄격히 유지하는 것이 좋다. 실제 대출자와 명의자를 명시하는 확인서를 공증받는 일도 의미있다.

아울러 고령의 부모님이 은행에 대출신청을 했다가 거절당하여 자녀가 대신 차입자가 되었다는 사실을 은행으로부터 확인하는 서류는 현실적으로 어렵겠지만, 부모님이 대출을 신청했던 사실과 대출이 거절된 결과 및 그 사유가 기록된 정황서류들은 확보가 가능한 경우도 있다.

상속재산은 어떻게
구성하는 것이 좋은가?

절세노트

상속세를 부과하는 기준가격으로만 보면 부동산, 그중에서도 아파트보다는 토지나 건물을 상속하는 것이 유리하다. 그러나 예금이나 유가증권과 같은 금융재산에 대해 10억 원까지는 약 20%의 상속공제가 적용되므로 상속재산 중 일부는 금융재산의 형태로 상속하는 것도 바람직하다.

무엇보다도 상속세 납부재원이 필요한데, 예금과 같은 현금성 자산 없이 부동산이나 비상장주식만 상속받아서 곤란해지는 상속인들이 많다.

심층분석

상속재산은 예금이나 주식 및 부동산 등 어떤 형태로든 구성될 수 있다. 그렇다면 상속재산의 종류에 따라 상속세가 달라질까? 상속재산을 어떻게 구성하는 것이 좋을까?

증여세와 마찬가지로 상속세도 상속재산을 시가로 평가하되, 토지와 같은 부동산은 그 시가를 파악하기가 어렵기 때문에 기준시가 등 대체적인 평가방법을 적용하고 있다.

대부분의 경우 부동산의 기준시가는 시장에서 거래되는 시가보다 낮은 것이 일반적이므로 부동산의 형태로 상속하면 당연히 상속세가 줄어들게 되어 상속세 측면에서 유리하기는 하다. 그러나 아파트는 예외로 보아야 한다. 기준시가 등이 동일하거나 유사한 부동산이 상속기준일 전후 6개월 사이에 매매된 사실이 있다면 기준시가 대신 그 매매가액을 시가로 보는데, 아파트는 이러한 매매사례가액이 흔히 존재할 수 있기 때문이다. 따라서 증여세와 마찬가지로 아파트보다는 토지나 건물이 더 절세효과가 있다고 할 수 있다.

그렇다면, 상속재산을 모두 부동산의 형태로 상속하는 것이 무조건 절세에 유리할까? 그렇지 않은 경우도 많다.

먼저 금융재산상속공제가 있는데, 예금이나 주식 및 보험금과 같은 금융재산 형태의 상속재산에 대해서는 10억 원까지 약 20%를 상속재산에서 공제하는 제도이다. 이것은 부동산의 형태로 상속을 하는 경우에 비하여 금융재산으로 상속하게 되는 경우가 재산평가의 형평성 측면에서 불리한 면이 있다고 판단하고 이를 보완하기 위하여 도입한 제도이다.

예를 들어 예금 10억 원이 있던 사람이 사망하여 상속이 개시되면 상속재산을 10억 원으로 보고 상속세를 부과하지만, 만약 시가 10억 원 상당의 토지를 보유한 사람이 사망하면 상속세는 이 토지의 시가가 아닌 공시지가를 기준으로 부과될 수 있으므로 예금을 상속하는 경우에 비해 유리할 것이기 때문이다.

금융재산이 10억 원을 초과하는 부분부터는 공제효과가 없으므로 전체 상속재산 중에서 가장 효율적인 금융재산비율을 고민해 볼 필요가 있다.

예금과 같은 금융재산이 반드시 상속재산의 일부로 구성되어야 하는 또 다른 중요한 이유는 '상속세 납부재원 마련' 때문이다.

대부분의 상속인들은 상속재산인 부동산을 담보로 제공하고 금융기관으로부터 차입을 하게 된다. 문제는 금융기관에 담보를 제공하면 금융기관은 해당 부동산의 담보가치를 평가하기 위하여 감정평가를 실시하게 되는데, 이 감정평가액이 상속세를 부과하는 기준가액이 될 수 있다는 것이다.

즉, 부동산에 대한 시가를 알 수 없어 상속인들이 기준시가로 자진해서 신고한 재산에 대하여 감정평가액이 새롭게 존재하게 됨에 따라 세무당국은 기준시가가 아닌 감정평가액으로 상속세를 부과하는 것이다. 따라서 상속개시일로부터 6개월이 경과하기 전에는 담보제공 등으로 감정평가를 받는 일을 조심하여야 한다.

한편, 감정평가는 상속재산에 대한 소송과정에서도 발생할 수 있다. 최근에 사망한 A 씨는 3형제에게 경기도 인근의 토지만을 상속재산으로 남겼다. A 씨가 별다른 유언을 남기지 않아 세 아들은 상속재산을 협의분할해야 했는데 많은 노력에도 불구하고 서로 의견 일치를 보지 못하였다.

장남은 본인이 개발하고 싶은 위치를 차지하기 위해 공시지가를 기준으로 균등하게 분할하자고 했고, 차남은 향후의 잠재가치를 기준으로 분할하자고 했으며, 막내는 인근 부동산에서 알려 주는 시세에 따라 균등하게 분할하자고 각각 주장했던 것이다. 결국 이들은 법적 소송까지 하게 되었는데 그 과정에서 감정평가를 받게 되었고, 우연히 그 사실을 알게 된 과세당국은 그 가액을 기준으로 과세를 하게 되었다.

문제는 여기서 끝나지 않았다. 우여곡절 끝에 상속재산을 분할하고 상속세를 신고한 3형제 중 차남은 상속받은 부동산 외에 다른 현금성 자산이 전혀 없어 상속세를 납부하지 못하게 되었다. 그러자, 관할 세무서는 장남에게 연대납세를 요청했던 것이다.

어쩔 수 없이 상속세를 대신 납부한 장남은 차남에게 대신 납부한 상속세의 상환을 요구했지만 이미 상속재산을 분할할 때부터 감정이 상한 형제관계는 극에 달했고 이들은 지금 또 다른 소송 중에 있다.

A 씨와 그 상속인들의 사례는 생전에 부모가 상속재산을 어떻게 분할해야 하는지와 상속재산으로 지나치게 부동산만을 남긴 경우의 폐단을 극명하게 보여준다고 할 수 있다.

그나마 A 씨의 상속인들은 장남이 상속세를 대납할 수 있는 자금력이 있어서 다행이라고 할 수 있다. 그렇지 못할 경우에는 세금을 징수하기 위하여 강제로 체납처분을 하는 과정에서 상속받은 부동산 대부분을 세금으로 납부하는 일이 발생할 수도 있다.

이렇듯 상속재산 중 현금성 자산이 부족해서 곤란을 겪는 또 다른 사례가 바로 비상장기업이다. 비상장기업의 창업주는 회사 키우기에만 평생을 바친 나머지 본인이 소유한 회사의 비상장주식 외에 다른 현금성 자산이 미미한 경우가 많다.

부동산의 경우는 그래도 실체가 좀 더 분명하고 자산가치를 체감할 수 있지만, 상속·증여세 부과기준으로 계산된 비상장주식의 가치는 납세자가 체감하는 가치와 너무나 동떨어진 경우가 많다. 부동산의 경우 물납이라도 가능하다지만 비상장주식은 이마저도 어렵다. 기부라도 해 버리고 상속세 의무에서 벗어나고 싶지만 관리상의 어려움으로 공익단체들이 거부하는 사례가 많고 설령 받아 준다고 하더라도 최고 20%까지만 가능하다. 특히 최대주주가 아닌 즉, 경영권이 없는 비상장주식은 천덕꾸러기가 된다. 배당이나 청산도 요구할 수 없으므로 매각 외에는 대안이 없는데, 현실적으로 어렵다. 이 사실을 잘 아는 현 경영진은 터무니없는 인수가격을 제시하며 기약 없는 세월을 보내기도 한다.

따라서 상속세를 납부할 수 있는 재원을 마련하는 것이 중요한데, 많은 조세 전문가들은 한결같이 종신보험을 좋은 예로 권한다.

종신보험은 피상속인의 사망 시에 보험금이 지급되므로 상속세 납부재원으로 유용하기 때문이다. 또 수익자를 상속인으로 해 두면 그 종신보험금은 법적으로 상속인의 고유재산이 되기 때문에, 피상속인의 채무가 많아 상속인이 상속포기를 하더라도 동 종신보험금은 상속인에게 귀속되어 피상속인의 채권자들이 압류할 수도 없다.

종신보험은 상속하기 좋은 현금자산이지.

이미 상속이 개시되었다면
상속재산 분할방법이 유일한 절세전략이다

절세노트

상속이 개시된 후에는 상속재산을 공동상속인들이 어떻게 분할하느냐가 상속세를 줄일 수 있는 거의 유일한 수단이다. 금양임야에 대한 비과세나 영농상속공제 및 동거주택상속공제와 배우자상속공제 등이 달라지기 때문이다.

또, 배우자가 상속받은 재산이 재상속될 때 납부하는 상속세를 최소화하기 위해서는 배우자가 자신의 상속재산을 한도로 자녀들의 상속세를 대신 납부해 주는 것도 좋은 방법이다.

심층분석

상속재산을 누구에게 얼마나 분할하느냐에 따라 상속세가 달라질 수 있는데 이는 갑자기 상속이 개시되어 사전에 절세방법을 충분히 이행하지 못했다면, 사후에라도 상속세를 줄일 수 있는 거의 유일한 방법이라고 할 수 있다.

우선, 금양임야 등의 분할이다. 조상의 분묘가 있는 금양임야나 그에 속하는 농지에 대하여 제사를 주제하는 상속인이 상속받는다면 일정한 면적 이내에서

2억 원을 한도로 상속세를 부과하지 않으므로 사실상 제사를 주제하는 상속인에게 충분히 분할함으로써 상속세를 최소화할 수 있다.

실무적으로 제사를 주제하는 상속인을 소명하는 일은 그리 어렵지 않은 편이지만, 해당 분묘가 조상의 것인지를 입증하는 일은 생각보다 어려울 때가 많다. 세무공무원과 필자가 조상의 분묘가 있는지 확인하기 위하여 산속을 헤매고 다닌 적도 있었다. 이때, 해당 분묘에 비석이 있다면 일이 쉬워지겠지만 그렇지 않다면 인근 거주자의 확인 등이 필요할 수도 있다.

'동거주택상속공제'를 활용할 수도 있는데 이 제도는 상속인의 주거안정을 위해 도입한 제도로서, 무주택자인 상속인이 피상속인과 상속이 개시되기 전 10년 동안 계속해서 하나의 주택에 동거하면서 그 주택이 1세대 1주택에 해당한다면 5억 원을 한도로 하여 그 주택가액(그 주택에 담보된 채무 차감 후)의 80%를 상속재산에서 공제하는 제도이다. 1세대 1주택에 해당하는 주택이라면 전세기간도 포함하여 동거기간이 10년 이상이면 된다.

따라서 유언이나 협의분할 시에 동거주택상속공제를 받을 수 있는 상속인에게 주택을 분할함으로써 전체 상속세를 줄일 수 있다. 다만, 이때의 상속인은 직계비속인 경우로 한정되므로 배우자가 상속받는 주택은 동거주택상속공제를 적용할 수 없다는 점에 유의해야 한다.

농지나 어선 등을 상속받는 경우에는 영농상속공제의 적용이 가능한데, 피상속인이 상속개시일 2년 전부터 계속해서 영농에 종사하던 농지 등을 18세 이상이면서 상속개시일 2년 전부터 계속하여 영농에 종사하던 상속인이 물려받는 경우에는 해당 농지 등의 가액에 대하여 15억 원을 한도로 상속재산에서 공제할 수 있다.

따라서 상속재산 중에 농지 등이 있다면 영농상속공제 요건을 충족하는 상속인(배우자도 가능)이 상속받도록 분할하는 것이 유리하다. 만약, 영농재산 중 일부만 영농상속인이 상속받는다면 그 재산에 대해서만 영농상속공제를 적용하도록 개정되었으므로 반드시 농지 등을 전부 상속받을 필요는 없다.

실무적으로 쟁점이 되는 내용 중 하나는 농지 등으로부터 30킬로미터 이내에 거주하면서 직접 영농에 종사하였는지 여부이다. 세무공무원의 입장에서는 해당 농지가 영농에 적합한 농지인지, 또는 거주지에서 농지까지 이동은 어떻게 하였는지, 농기구 등은 어떻게 관리하였는지 등을 집중적으로 파악하여 직접 영농에 종사하였는지를 조사하게 된다. 어떤 경우에는 포털사이트 등의 위성사진이 참고가 되어서 실제 농사를 짓고 있었는지 여부가 파악되기도 한다.

농지원부에 상속인들이 등재되지 아니하였다고 실망할 필요는 없다. 농협 등으로부터 농자재를 구입하거나 농산물을 판매한 실적과 인근 주민들의 확인서 등으로도 충분히 영농에 종사한 사실을 소명할 수 있다.

영농상속공제를 적용받게 되었다면 상속개시일로부터 5년 동안 사후관리에도 신경을 써야 한다. 즉, 그 기간 동안 해당 농지 등을 처분하거나 영농에 종사하지 아니할 경우에는 다시 상속세를 부과하게 된다. 실제로 세무공무원들은 해당 농지 등이 영농에 이용되고 있는지 정기적으로 현장 확인을 하고 있다.

마지막으로, '배우자상속공제'를 적절히 활용하는 것이 매우 중요하다. 이는 배우자가 상속받은 재산에 대해 일정액을 상속재산에서 공제해 주는 제도인데, 이 제도가 상속세에 미치는 영향이 특히 중요하므로 그 도입취지를 잠시 생각해 볼 필요가 있다.

개인이 사망하면서 남기는 상속재산에 대해 상속세를 부과하는 이론적 배경 중에는 한 세대가 축적한 재산에 대한 세금을 사망시점에 종국적으로 정산한다는 뜻도 포함된다. 즉, 모든 개인의 부가 증가한 부분에 대해 매년 소득세를 통하여 과세했지만 이것만으로는 누락이 있을 수 있어 완전하게 과세되지 못했다고 보고 사망시점에 상속세를 통해 한 번 더 최종 정산해야 한다는 것이다.

배우자가 생존해 있는 경우에는 재산을 최종 정산한다는 개념이 성립되지 않을 것이다. 왜냐하면 그 재산의 형성에는 배우자의 기여분도 분명히 존재하기 때문이다. 또, 상속세는 세대 간 부의 무상이전에 대한 과세를 기본 구조로 하므로 배우자가 상속받은 재산은 아직 세대 간에 부가 이전된 것이 아닌 것이다.

따라서 배우자가 생존해 있다면 배우자가 상속받은 일정액을 상속재산에서 공제하고 상속세를 계산하도록 하고 있는데, 이를 '배우자상속공제'라 한다. 공제할 금액은 아래 3가지 중에서 제일 작은 금액으로 하되 그 금액이 5억 원보다 작을 때는 5억 원으로 한다. 즉, 최소한 5억 원은 공제한다는 뜻이다. 주의할 점은 상속세 신고기한이 경과한 날로부터 6개월 이내에 등기(협의분할에 따른 상속등기)나 명의개서 등 공부상에서 실제로 배우자로 변경한 경우에만 적용되고 그렇지 못할 경우에는 최소 공제액인 5억 원만 적용된다는 점이다. 등기 등이 필요한 재산이라면 이를 엄수해야 한다.

❶ 배우자가 실제 상속받은 재산가액

❷ 배우자의 법정상속분으로 계산한 상속재산가액 - 배우자에 대한 10년 이내 증여재산

❸ 30억 원

상속세를 최소화하기 위해 상속재산을 배우자에게 최대한 많이 분할하면 당장은 상속세를 줄일 수 있다. 하지만 배우자에게 분할된 상속재산은 언젠가는 다시 자녀들에게 재상속될 것이며 그때 상속세를 다시 납부해야 한다는 점을 고려할 때, 무조건 배우자에게 많이 분할하는 것이 최선은 아니다. 물론 상속되었던 재산이 또 다시 상속될 때는 이전에 납부한 상속세를 공제하되 1년이 경과할 때마다 10%씩 공제율이 감소하는 단기 재상속에 대한 세액공제가 있긴 하다. 하지만 재상속 시기를 미리 예측할 수 없고 10년이 지나면 그 효과가 완전히 사라지므로 적용에는 한계가 있다.

그렇다면, 구체적으로 배우자에게 얼마나 분할하면 상속세가 최소화될까?

먼저, 상속재산이 10억 원 이하일 경우, 배우자상속공제 5억 원과 앞에서 살펴본 그 밖의 인적공제 5억 원이 모두 적용되어 상속세가 부과되지 않으므로 배우자에게 얼마를 분할하든지 상관없다. 다만 향후 배우자가 사망하여 자녀들에게 재상속할 때는 배우자상속공제 5억 원이 적용되지 않음을 고려할 때, 그 배우자의 상속개시시점에 예상되는 재산이 5억 원 이상이라면 절세 관점에서만 보면 바람직하지는 않다.

다음으로 상속재산이 10억 원을 초과할 경우, 위 산식의 ❷번 배우자의 법정상속분 등을 계산해 보아야 한다. 이 법정상속분이 위 ❸번과 같이 30억 원을 초과한다면 30억 원까지만 분할하고, 그렇지 않을 경우 ❷번만큼만 배우자에게 분할하는 것이 상속세를 최소화하는 방법이다.

아래 예시를 통해 최적의 분할액(★)을 구체적으로 살펴보자. 피상속인 A와 B 및 C는 각각 배우자와 자녀 2인을 상속인으로 남기고 사망하였다. 이때, 배우자에게 각각 얼마의 상속재산(아래 표에서 ❶ 배우자 상속재산)을 분할해야 상속세가 최소화될까? 단, 배우자의 고유 재산과 향후 생활비 소요액은 일치하는 것으로 가정한다.

(단위: 원)

구분	A	B	C	비고
ㄱ. 상속재산	1,000,000,000	5,000,000,000	10,000,000,000	
ㄴ. 그 밖의 인적공제	500,000,000	500,000,000	500,000,000	일괄공제 가정
ㄷ. 배우자상속공제	500,000,000	2,142,857,143	3,000,000,000	= Min(❶, ❷, ❸)
❶ 배우자 상속재산	★	★	★	
❷ 법정상속분 등	428,571,429	2,142,857,143	4,285,714,286	= ㄱ × 1.5/3.5
❸ 일괄한도	3,000,000,000	3,000,000,000	3,000,000,000	
ㄹ. 상속세 과세표준	-	2,357,142,857	6,500,000,000	= ㄱ - ㄴ - ㄷ

A 씨의 경우, 상속재산이 10억 원이므로 기타 인적공제에 대한 일괄공제액 5억 원과 배우자상속공제 최소액 5억 원을 모두 적용하면 상속세가 부과되지 않는다. 배우자에게 얼마를 분할하든지 상관없다는 뜻이다. 다만, 재상속을 고려한다면 5억 원까지만 분할하는 것이 바람직하다.

B 씨의 경우 상속재산이 50억 원이므로 배우자의 법정상속분은 2,142,857,143원으로 계산된다. 이 금액 이상으로 배우자에게 상속재산을 분할해도 더 이상 배우자상속공제가 적용되지는 않는다. 따라서, 재상속을 고려한다면 이 금액만큼만 배우자에게 분할하는 것이 최적이라고 할 수 있다.

C 씨의 경우는 상속재산이 100억 원이나 되므로 배우자에게 법정상속분까지 분할해도 일괄한도인 30억 원이 적용된다. 따라서, 재상속을 고려한다면 30억 원만큼만 배우자에게 분할하는 것이 최적이다.

배우자 상속분할을 위한 황금비율이 따로 있단다.

이렇게 배우자에게 상속재산을 분할할 최적의 금액을 산출하였으면 이제 상속세를 신고납부하면 된다. 그런데 여기서 한 가지 더 생각해 보자. 배우자가 상속받은 재산은 언젠가 다시 자녀들에게 상속되어 상속세를 한 번 더 납부해야 하는데, 이 재상속분에 대한 상속세를 줄일 수 있는 방법은 없을까?

배우자가 다른 상속인들 즉, 자녀들의 상속세를 대신 납부해 주면 된다. 다만, 대신 납부해 주는 상속세가 본인이 상속받은 상속재산을 초과하게 되면 그 초과액에 대해 증여세를 부과하므로 배우자가 상속받은 재산가액까지만 납부해 주어야 한다.

위의 사례에서 C 씨의 상속재산 100억 원에 대한 전체 상속세가 50억 원으로 산정되었다면 본래, C 씨의 배우자가 납부할 상속세는 자신이 상속받은 재산 30억 원에 해당하는 15억 원(= 50억 원 × 30억 원/100억 원)이다.

C 씨의 배우자가 상속받은 재산 30억 원 중에서 자신의 상속세 15억 원을 납부하고 남은 재산 15억 원으로 C 씨의 사망에 따른 자녀들의 상속세도 대신 납

부해 준다면, 결국 C 씨의 배우자가 남길 상속재산이 없어지게 되어서 그만큼 상속세를 납부하지 않게 되는 것이다.

다만 자녀들의 상속세를 무한정 대신 납부해 줄 수는 없고, 상속받은 재산 중 본인의 상속세를 납부하고 남은 재산인 15억 원까지만 대신 납부해 줄 수 있다. 이것은 상속세가 상속인들이 상속받은 재산을 한도로 연대납세의무가 있고, 이 연대납세의무에 따라 대신 납부하는 상속세에 대해서는 증여세를 부과하지 않기 때문에 가능한 것이다. 만약 대신 납부해 주는 상속세가 15억 원을 넘어서 상속재산 외에 본인의 고유 재산으로 자녀들의 상속세를 대신 납부해 준다면 그 부분만큼은 자녀들에게 다시 증여한 것으로 보아서 증여세를 부과하게 된다.

한편, 이러한 비과세나 상속공제는 해당 특정 상속인만의 상속세를 줄이는 것이 아니라 전체 상속세에 적용된다. 즉, 전체 상속재산에 대해서 배우자상속공제 등을 적용하여 총 상속세를 계산한 다음에 각자 상속받은 상속재산의 비율로 세금을 분담하는 구조이다. 금양토지 비과세에 따른 혜택이 해당 토지를 상속받은 특정 상속인의 상속세만을 줄여 주는 것은 아니며, 동거주택상속공제나 영농상속공제 및 배우자상속공제도 해당 상속인의 상속세만을 줄여 주는 것이 아니라 공동상속인들 모두의 상속세를 전체적으로 줄여 주는 것이다. 따라서, 배우자가 배우자상속공제액에 해당하는 상속세를 자신의 세금에서만 차감하자고 할수는 없는 것이다.

 하나 더

부모님이 동시에 사망한 경우에는 배우자상속공제가 적용될 수 없으므로 그만큼 상속세 계산에서 불리하다. 반대로, 부모님이 아주 짧은 시간이라도 시차를 두고 사망하셨다면 먼저 사망한 배우자의 상속세 계산에서 배우자상속공제를 적용하고, 나중에 사망한 배우자의 상속세 계산 시에 단기 재상속에 대한 세액공제가 가능하므로 동시 사망에 비하여 유리하다.

민법에서는 동일한 위난으로 사망한 경우에는 일단 동시에 사망한 것으로 추정하는데, 의학적 증거 등을 통해 아주 짧은 시차라도 사망시점에 차이가 있다는 사실을 밝힐 수만 있다면 배우자공제를 받을 수 있다.

— Bonus Tip —

05

할증과세가 되더라도 손자·손녀에게 상속하는 것이 유리할 수도 있다

절세노트

손주에게 직접 상속하면 30% 할증과세가 되면서 상속공제 종합한도가 줄어드는 단점이 있지만, 경우에 따라서는 2세대에 걸치면서 납부할 총 상속세를 줄일 수 있다. 중간세대 상속인이 소수이면서 상속재산이 거액일수록 절세효과가 커진다. 그렇지 않다면 차라리 손주에게 사전증여하는 것이 유리할 수도 있다.

심층분석

평소 상속·증여에 관심이 많은 A 씨는 재산을 모두 자녀에게 상속·증여하기보다 일부는 손자에게 직접 상속하거나 증여하면 절세가 되지 않을까 생각해 보았다. A 씨가 자녀에게 상속하거나 증여한 재산은 결국 수십 년 뒤 손자에게 다시 상속되어야 하므로 상속세를 두 번 내게 되는데, A 씨가 직접 손자에게 상속이나 증여를 하면 세금을 한 번만 내도 되지 않겠냐는 것이다. 과연 옳은 생각일까?

이렇게 세대를 건너 뛰어 자신의 자녀가 아닌 손주에게 직접 상속이나 증여하는 것을 세대생략상속(또는 세대생략증여)이라 한다. 이 세대생략상속이나 증여는 A 씨 생각처럼 상속세나 증여세를 생략한 세대만큼 줄여 주는 효과가 있다. 따라서, 세법은 이런 행위를 억제하기 위해 세대생략상속이나 증여에 대해서는 일반적으로 산출된 세액에 30%(20억 원을 초과하여 받는 미성년자는 40%)를 가산하여 부과한다. 이를 흔히 '세대생략에 대한 할증과세'라 부른다. 다만, 자녀가 사망하여 어쩔 수 없이 손주가 상속받을 경우(이를 '대습상속'이라 함)에는 할증과세를 하지 않는다.

할증과세율을 100%가 아닌 30%로 정한 것은 한 세대가 지나는 동안 상속세 납부로 인한 재산감소와 여러 상속인에 대한 분산효과 등을 고려했기 때문이다. 일반적으로 보면 할증율 30%가 상속세 납부에 따른 재산감소효과 등을 모두 반영하지는 않으므로 세대생략상속(또는 증여)이 대체로 유리하다고 할 수 있다.

여기에는 한 가지 더 고려해야 할 사항이 있다. 일명 상속공제 종합한도라고 하는 것인데 손주에게 상속한 경우에는 이 한도를 줄인다는 점이다. 즉, 상속공제는 기본적으로 상속인에게 상속세 경감효과를 주기 위한 제도인데, 상속인도 아닌 손주에게 재산을 상속했으므로 경감효과를 부여하지 않는 것이다. 그 결과, 상속공제를 충분히 받지 못해 오히려 상속세 납부액이 커질 수 있다.

예를 들어 예금 5억 원과 아파트 5억 원을 보유한 A 씨가 부인과 자녀 및 손자를 두고 사망했을 때, 모든 재산을 자녀나 부인에게 상속한다면 상속공제 10억 원(일괄공제 5억 원과 배우자상속공제 5억 원의 합계)이 적용되어 상속세를 한 푼도 낼 필요가 없다.

하지만, 손자에게 아파트를 상속할 경우, 상속재산 10억 원 중 손자에게 유증한 5억 원을 제외한 나머지 5억 원만큼만 상속공제로 적용되어 납부할 상속세액이 발생하게 된다. 즉, 103,500,000원[과세표준 5억 원(= 상속재산 10억 원 − 상속공제 5억 원)에 대한 상속세 9천만 원과 세대생략 할증과세 1천3백5십만 원{= 9천만 원 × (5억 원/10억 원) × 30%}의 합계]의 상속세를 납부해야 하는 것이다.

결과적으로 A 씨의 경우 자녀나 부인에게만 상속했다면 상속세를 납부하지 않아도 되었겠지만, 손자에게 상속함으로써 오히려 상속세를 납부하게 된 것이다.

그렇다면 손주에게 상속하는 것이 무조건 불리하기만 할까? 거액의 재력가인 B 씨의 경우를 보자. 50억 원을 보유한 B 씨는 부인에게는 전혀 상속하지 않은 채, 외아들에게만 전액 상속하는 방법과 외아들과 손자에게 각각 10억 원과 40억 원씩 상속하는 두 가지 방법을 비교해 보았다. 단, 신고세액공제는 무시한다.

(단위: 원)

구분	아들에게만 상속	손자에게 일부 상속	비고
ㄱ. 총 상속재산	5,000,000,000	5,000,000,000	= ⓐ + ⓑ
ⓐ 아들에게 상속	5,000,000,000	1,000,000,000	
ⓑ 손자에게 상속	−	4,000,000,000	
ㄴ. 상속공제	1,000,000,000	1,000,000,000	= MIN(① + ②, ③)
① 기타의 인적공제	500,000,000	500,000,000	증여재산공제 무시
② 배우자상속공제	500,000,000	500,000,000	
③ 상속공제 종합한도	5,000,000,000	1,000,000,000	= ㄱ - ⓑ
ㄷ. 과세표준	4,000,000,000	4,000,000,000	= ㄱ - ㄴ
ㄹ. 산출세액	1,540,000,000	1,540,000,000	10~50%
ㅁ. 할증과세	−	369,600,000	= ㄹ × ⓑ / ㄱ × 30%
ㅂ. 납부세액	1,540,000,000	1,909,600,000	= ㄹ + ㅁ
ㅅ. 재상속 시 상속세	824,000,000	−	1차 상속세 차감된 재산
ㅇ. 두 세대 총 상속세	2,364,000,000	1,909,600,000	= ㅂ + ㅅ

두 경우를 비교해 보면, 세대를 건너뛰어 손자에게 직접 상속할 경우 약 4억 5천만 원가량의 상속세가 줄어든다. 손자에게 세대생략상속을 함으로써 30%의 상속세가 할증되긴 했지만, 먼 훗날 손자에게 다시 상속세가 부과되는 효과를 고려하면 두 세대가 납부해야 하는 총상속세는 오히려 줄어들게 되는 것이다.

이러한 절세효과는 상속공제액을 침범하지 않는 범위 내에서 중간세대 상속인이 소수이면서 손주에게 상속하는 재산이 클수록 그 효과가 커지게 된다. 즉, B 씨의 경우 상속공제 가능액이 10억 원임을 미리 계산한 뒤, 상속재산 중 상속공제액 10억 원을 제외한 40억 원 전액을 손자에게 상속하면 절세효과가 극대화된다.

만약 상속재산이 크지 않거나 중간세대 자녀의 수가 많다면 2차 상속에 대한 상속세가 분산효과로 인하여 급격히 감소하므로 두 방법 간의 차이가 거의 없거나 오히려 세대생략상속이 불리한 경우도 있을 수 있다. 이런 경우에는 차라리 세대생략증여를 하는 것이 합산과세대상 기간도 5년이어서 상속공제 종합한도에도 영향을 주지 않을 수도 있다. 결국, 손주들에게 상속할지 사전증여를 할지는 중간세대 자녀 수와 전체 상속재산의 규모를 복합적으로 고려해야 한다.

한편 손주는 선순위 상속인이 아닌 까닭에, 세대생략상속을 하기 위해서는 배우자와 자녀들이 상속포기를 하거나 조부모가 생전에 손주에게 유증의 형식으로 상속을 해야만 한다. 상속포기나 유증 없이 상속인들이 협의분할에 의해 손주에게 배분하면, 세무당국은 중간세대인 자녀가 상속받은 후 다시 손주에게 증여한 것으로 간주하여 증여세를 추가로 부과하기 때문에 주의해야 한다.

사전증여가 언제나
유리한 것은 아니다

절세노트

상속세를 줄이기 위해 사전증여를 한다면 사망 10년 전에 상속인(손주나 며느리 등 상속인 외의 자는 5년)에게 미리 분산해서 증여하는 것이 유리하다. 증여 후 5년 내지 10년 이내에 상속이 개시되면 오히려 상속세를 증가시킬 수도 있어 주의해야 한다.

심층분석

생전에 미리 증여하는 것이 좋은가 아니면 나중에 상속하는 것이 유리한가? 상속세와 증여세를 상담하는 많은 사람들의 첫 번째 질문이다.

상속세와 증여세는 앞에서 살펴본 바와 같이 10%에서 50%까지 5단계 초과누진세율을 동일하게 적용하므로 세부담이 서로 동일한 것처럼 보인다. 상속세는 배우자상속공제가 최고 30억 원에 이르는 등 상속공제액이 큰 장점이 있고, 증여세는 증여받은 재산을 증여자·수증자별로 각각 과세하므로 전체 상속재산을 하나의 과세단위로 하는 상속세에 비해 낮은 누진세율을 적용받아 납부할 세액이 작을 수 있다는 특징이 있다. 상속세와 증여세의 장·단점을 요약하면 다음과 같다.

구분	장점	단점
상속세	상속공제액이 크다. (예): 배우자상속공제 최고 30억원)	상속재산 전체에 대하여 과세하므로 높은 세율 적용가능성이 크다.
증여세	증여자·수증자별로 각각 과세하므로 낮은 세율 적용가능성이 크다.	증여공제액이 상대적으로 작다. (예): 배우자에 대한 증여공제 6억 원)

이해를 돕기 위해 사례를 하나 살펴보자. 성인 자녀 세 명을 두고 있는 A 씨는 자신의 전 재산 30억 원을 모두 생전에 증여하는 경우와 그렇지 않고 나중에 자신이 사망하면서 상속하는 경우에 대하여 세무상담을 하고 다음과 같은 결과를 얻었다. 단, 자녀들에게 증여를 한 후 10년 이내에 A 씨가 사망하는 것을 가정한다.

(단위: 원)

구분	전액 증여	전액 상속	비고
ㄱ. 총 재산	3,000,000,000	3,000,000,000	= ① + ②
① 증여(자녀3)	3,000,000,000	-	
② 상속	-	3,000,000,000	
〈자녀 1인당 증여세〉			
ㄴ. 증여재산	1,000,000,000		= ㄱ / 3
ㄷ. 증여재산공제	50,000,000		
ㄹ. 증여세 과세표준	950,000,000		= ㄴ - ㄷ
ㅁ. 증여세 산출세액	225,000,000		10~50%
〈상속세〉			
ㅂ. 본래의 상속재산		3,000,000,000	= ㄱ
ㅅ. 가산하는 증여재산	3,000,000,000	-	= ㄴ × 3인
ㅇ. 상속공제	150,000,000	500,000,000	
ㅈ. 상속세 과세표준	2,850,000,000	2,500,000,000	= ㅂ + ㅅ - ㅇ
ㅊ. 상속세 산출세액	980,000,000	840,000,000	10~50%

ㅋ. 기납부 증여세	675,000,000	-	= ㅁ × 3인
ㅌ. 납부세액	305,000,000	840,000,000	= ㅊ - ㅋ
ㅍ. 상속세와 증여세 합계	**980,000,000**	**840,000,000**	= ㅁ × 3인 + ㅌ

전액 증여를 하는 경우가 상속하는 경우에 비해 1억 4천만 원의 세금이 더 많다는 사실을 알 수 있다. 증여세는 증여받은 수증자별로 각각 세율을 적용하기 때문에 더 낮은 세율이 적용되었음에도 불구하고 왜 종국적으로 부담하는 세금은 더 클까?

자녀 세 명이 각각 10억 원씩 A 씨로부터 증여를 받은 경우, 자녀들 각자가 납부할 세금은 각각 225,000,000원(ㅁ)으로, 세 명의 증여세 합계는 총 675,000,000원(ㅋ)이 되어 상속받는 경우보다 세금이 작은 것은 사실이다. 이는 자녀 세 명에게 각각 증여세율을 적용하였기 때문이다. 즉, 자녀들이 받은 증여재산은 각각 10억 원으로 증여세 한계세율이 30%씩 적용되었으나 상속을 받는 경우라면 전체 상속재산 30억 원에 대하여 한계세율 40%가 적용되는 것이다.

세법에서는 피상속인이 사망하기 전에 사전증여를 하면 크게 다음 두 가지의 불이익을 두고 있는데, 이는 생전에 증여를 함으로써 누진세율의 적용을 회피하려는 행위를 억제하기 위한 취지라고 할 수 있다.

▶ 상속인이 피상속인으로부터 사망 전 10년(상속인 이외의 자는 5년) 이내에 증여받은 재산은 상속재산에 다시 가산한다.

▶ 상속재산에 가산한 사전증여재산에 대해서는 상속공제 종합한도에서 차감한다.

위 사전증여한 사례의 경우, 비록 A 씨가 사망한 시점에는 재산을 이미 자녀들에게 전액 증여하는 가정이므로 상속재산은 없지만, 사망 전 10년 이내에 증여한 재산은 상속재산에 다시 가산하여 상속세를 계산하므로 각자의 증여재산 10억 원에 대한 한계세율 30%를 적용하지 않고, 30억 원 전액을 상속재산으로 보아 40%의 한계세율을 적용하게 된다. 여기까지만 보면 상속하는 경우와 동일한 것 같지만 생전에 증여한 재산에 대해서는 상속공제 종합한도(ㅇ)가 줄어들게 되어, 결국 종국적으로 부담하는 세액은 사전증여하는 경우가 더 불리한 것이다.

극단적인 사례를 보면, 재산이 6억 원인 사람이 사망한 경우에는 상속공제 5억 원이 적용되어 상속세 1천만 원가량만 내면 되지만, 사망 전 10년 내에 자녀에게 증여를 다 해 버리면 이 상속공제를 적용받지 못함에 따라 약 1억 2천만 원가량의 상속세를 납부하게 된다.

그렇다면 A 씨는 어떤 방법으로 증여해야 사전증여를 통해서 상속세를 줄일 수 있을까? 상속인에게 10년 이내에 사전증여한 재산은 위와 같은 불이익이 있으므로 사망하기 최소한 10년 전에 사전증여를 실시해야 하는 것이다. 다시 말해 A 씨가 만약 자녀들에게 사전증여를 하고 나서 10년 뒤에 사망한다면 추가적인 상속세가 없이 세금은 모두 675,000,000원으로, 재산을 상속하는 경우보다 유리하다.

그리고 상속인이 아닌 자에게 증여한 재산은 사망 전 5년 이내에 사전증여를 한 경우에만 적용된다. 따라서 A 씨에게 손주나 며느리 및 사위가 있다면, 이들에게는 A 씨가 사망하기 5년 전에만 사전증여를 하면 되므로 자녀에 비해 더 시간적인 여유가 있는 편이다.

결국, 고령의 부모님으로부터 어쩔 수 없이 사전증여를 받아야 하는 상황이라도 상속이 개시되는 시점에 예상되는 상속공제금액만큼의 재산은 피상속인의 명의로 남아 있어야 위와 같은 불이익이 없는 것이다.

한편 상속재산에 가산하는 사전증여재산(ㅅ)은 증여할 당시의 가액을 기준으로 평가하며 증여한 이후에 가치가 증가한 부분에 대해서는 과세하지 않으므로, 가치상승이 예상되는 재산을 사전증여한다면 절세효과가 더욱 커질 것이다.

상속개시가 임박했을 때는
재산처분이나 예금 인출을 더 조심하자

절세노트

상속이 임박하면 모두 정신이 없겠지만, 재산의 이전문제도 긴박한 것 같다. 상속분쟁
이나 생활불편 등을 이유로 예금을 미리 인출해 두거나 상속세를 피하기 위해 재산을
처분하기도 한다. 이런 모든 행위는 그 의도가 무엇인지와 상관없이 모두 사전증여가
되어 절세효과가 전혀 없거나 오히려 손해가 되는 경우도 많다.

심층분석

해외에 사는 지인이 어느 날 한국에 왔다면서 저녁이나 먹자고 했다. 어쩐 일
이냐는 질문에 아버님이 위독하신데 유일한 상속재산인 아파트를 그냥 두면 상
속세가 많을 테니 빨리 처분해서 4형제가 나누기 위해서 잠시 입국했다는 것이
었다. 당시 그 아파트는 약 16억 원에 거래되고 있었고, 오랫동안 장남 가족이
부모님과 함께 살고 있었다.

깜짝 놀란 필자는 빨리 부동산에 연락해서 매물을 거두어들이라고 하면서, 아버님이 돌아가신 후에 상속으로 받으면 상속세가 미미하지만 미리 나누어 가지면 개략 다음과 같이 수억 원의 증여세와 상속세가 부과된다는 사실을 알려 주었다.

구분	상속	사전증여	비고
ㄱ. 상속세 과세가액	1,600,000,000	1,600,000,000	= ⓐ + ⓑ
ⓐ 상속재산	1,600,000,000		
ⓑ 사전증여재산		1,600,000,000	
ㄴ. 상속공제	1,500,000,000	200,000,000	= Min(① + ② + ③, ④)
① 기타의 인적공제 등	500,000,000	500,000,000	일괄공제 가정
② 배우자상속공제	500,000,000	500,000,000	
③ 동거주택상속공제	500,000,000	500,000,000	장남 625백만 원 상속 가정
④ 상속공제 종합한도	1,600,000,000	200,000,000	= ㄱ - (ⓑ - 5천만 원 × 4인)
ㄷ. 과세표준	100,000,000	1,400,000,000	= ㄱ - ㄴ
ㄹ. 산출세액	10,000,000	400,000,000	증여세 포함(10~50%)
ㅁ. 세액공제	300,000		3%
ㅂ. 가산세		173,500,000	= ⓐ + ⓑ
ⓐ 신고불성실가산세		64,000,000	20%, 10%
ⓑ 납부불성실가산세		109,500,000	매년 9.125%, 3년 가정
ㅅ. 납부할 세액	9,700,000	573,500,000	= ㄹ - ㅁ + ㅂ

지인은 그 아파트를 팔아서 4형제들이 나누어 가지면 사전증여된 사실을 과세당국이 아마도 모를 것이고 설령, 나중에 노출된다 해도 어차피 낼 세금에 가산세만 조금 더 내면 될 것이라고 가볍게 생각한 것 같았다.

그러나 위와 같은 정도의 사전증여는 과세당국이 반드시 파악하게 된다. 또한 그때 추가로 납부할 세금은 가산세만 조금 추가되는 정도가 아니다. 앞서 언급되었던 상속공제한도가 줄어들고 누적된 기간에 대한 가산세까지 더해져서 납부할 세금은 급증하게 된다.

피상속인의 사망사실을 통보받은 국세청은 과거의 재산현황이나 소득신고 내역 등을 바탕으로 상속세 신고가 되지 않을 만한 이유가 있는지 분석하게 된다. 지인의 경우와 같이 충분히 상속세를 부과할 만한 재산이 있었을 것으로 추정되는 경우에는 본격적인 세무조사를 실시하게 되는데 이때가 통상 상속개시일로부터 3~4년이 지난 뒤가 되므로 가산세도 무시 못할 수준이 된다.

진심 어린 충고라고 생각한 지인은 매각계획을 취소하고 외국으로 다시 출국했지만 그때까지도 마음속으로는 반신반의하는 눈치였다.

지인의 아버님은 얼마 후 돌아가셨고 유일한 상속재산인 아파트는 4형제가 공동상속등기를 하면서 자진해서 상속세 신고를 했으며 몇 달 후 상속세 조사가 진행되었다.

이 과정에서 상속인들이 필자에게 알려 주지 않았던 사전증여가 발견되었는데, 투병 중이던 피상속인을 대신해서 어머니가 연금 3천만 원을 일시금으로 청구해서 본인의 계좌로 이체했던 것이다.

이것 또한 사전증여재산이므로 약 7백만 원의 상속세가 추징되었고 그제서야 지인은 16억 원이나 되는 아파트 매각대금을 사전증여했다면 상속세가 엄청났을 거라는 이해를 하는 것 같았다.

상속이 임박하면 상속세를 피하거나, 아니면 상속개시 후에는 상속분쟁 등으로 예금 인출이 어려울 수 있다는 이유로 예금을 집중적으로 인출하는 사례가 많다. 특히 배우자에게는 6억 원까지 이체해도 된다는 풍문이 한몫을 하는 것 같다.

그러나 10년 이내 상속인에게 이전된 재산은 비록 증여재산 공제금액 미만이라고 하더라도 모두 상속재산에 합산되어서 상속세가 부과되므로 아무 의미가 없는 행위들이다. 상속이 임박해서 자금이 인출되면 오히려 더 자세한 세무조사 빌미만 제공할 뿐이다.

이런 행위들이 사전증여라는 내용을 알기만이라도 한다면 자제할 수 있으므로 다행이지만, 나도 모르게 사전증여가 돼 버리는 경우도 많아서 안타까울 때가 있다.

어느 날 상담전화를 받았다. 아버지가 위독하신데, 유일한 재산인 아파트를 15억 원에 매각하는 계약을 체결한 상태이고 아직 잔금은 수령하기 전이라고 하면서 아버지가 돌아가시기 전에 잔금을 받는 것이 유리한지 아니면 그 반대인지를 묻는 것이 요지였다.

상담자의 경우에는 양도소득세와 취득세 및 상속세 효과 등을 종합적으로 판단해 보니 상속개시 전에 잔금을 수령하는 것이 유리할 것이라고 말씀을 드렸었고, 몇 달이 지난 후 상속세 신고를 의뢰한다고 하면서 첫 대면을 하게 되었다.

그런데 상속세 신고를 위한 서류를 챙기던 중 아파트 매각대금 등이 남아 있는 통장의 잔고증명서를 요청드렸더니, 잔금을 받자마자 전액을 동생들과 사이좋게 나누어서 잔고가 없다는 것이었다. 어차피 돌아가시면 물려받는 것을 바로 며칠 전에 나눈 것이 뭐가 문제냐면서.

아버지 생전에 어떻게 거액을 이체할 수 있었는지는 모르겠지만, 그분은 자신도 모르게 사전증여를 받은 셈이 되었던 것이다. 이것 때문에 상속공제금액이 줄어서 상속세 부담이 급증하게 되었다는 사실을 듣고 난 고객은 왜 이체하지 말라는 언급을 하지 않았냐는 원망과 함께 낙담해서 의뢰를 철회하셨는데 그날은 필자도 온종일 착잡한 마음을 금치 못하던 하루였다.

상속이 임박해서 재산을 이전하는 행위는 다시 상속재산에 합산하므로 절세효과가 전혀 없을 뿐만 아니라 경우에 따라서는 상속공제한도를 줄여서 오히려 손해인 경우도 많다는 것을 다시 한번 강조한다.

상속이 임박했을 때
챙길 절세전략이 있다

절세노트

상속이 임박해서 대여금이 있다면 대손금액을 정할 수 있는 서류를 확보하는 것이 좋다. 지난 10년 동안 가족들이 이체받은 돈이 있다면 증여가 아닌 대여금으로 소명준비할 필요도 있다. 금융재산상속공제를 받을 수 있도록 준비할 수도 있고, 차명재산은 환원하는 절차를 서둘러야 한다. 피상속인의 금융거래내역을 미리 파악해 두는 것도 세무조사에서 유용하다.

심층분석

사람 좋기로 소문난 A 씨는 평소에 지인들에게 돈을 잘 빌려주기로 유명했다. 건강하던 A 씨가 갑작스럽게 병상에 눕게 되자 가족들은 조심스럽게 대여금이 누구에게 얼마나 되는지 또 받을 수나 있는지 여쭤보게 되었다.

전체 상황을 파악한 가족들은 대부분 회수하기가 어렵고 A 씨가 돌아가시고 나면 더욱 그럴 것이라는 사실에 대여금은 사실상 없는 재산으로 보고 나머지 상속재산만을 바탕으로 세무상담을 받게 되었다.

세무대리인은 뜻밖의 말을 하는 것이었다. 사실상 회수할 수 없는 그 많은 대여금에 대해서도 상속세가 부과되며 이를 피하기 위해서는 회수할 수 없는 금액 즉, 대손금액을 상속인이 입증해야 한다는 것이다.

맞다. 아쉽게도 대손금액은 상속인들이 입증해야 한다. 그것도 상속개시일 현재 사실상 회수할 수 없다는 사실을 입증해야지 그 후의 사정은 고려되지 않는다. 돌아가시고 난 후에 대손이 확정되어도 상속세를 환급해 주지는 않는다. 따라서, A 씨 가족은 지금이라도 협조가 되는 채무자들로부터는 폐업이나 다른 연체 사실 등의 서류를 받아 두어서 대손사실을 입증할 준비를 하여야 한다.

채권추심회사에 해당 대여금을 매각해 버리면 상속세를 피할 수 있는데, 만약 여의치 않다면 추심의뢰라도 하는 것이 좋다. 그 과정에서 채무자의 재산 상태에 대한 정보라도 확보할 수 있고 이 자료는 대손사실을 입증하는 데 도움이 많이 된다. 채권추심회사와 이런 거래들을 하기 위해서는 공증이나 판결문 등이 필요할 수도 있으니 서둘러야 한다.

5년이 경과한 대여금이어서 차라리 피상속인이 당시에 증여의사를 표명했다는 기록만 남길 수 있으면 채무자가 증여세를 부담하더라도 상속재산에 합산되지 않아서 적어도 누진세율은 피할 수 있는데, 차라리 이 방법이 유리할 수도 있다.

10년 이내에 가족들에게 이체된 자금에 대해서는, 지금이라도 대여약정서 및 이자지급 사실을 남기거나 아니면 다시 상환하는 방법으로 대여거래였다는 소명준비를 하는 것이 오히려 유리할 수도 있다. 몸이 불편한 피상속인의 은행거래를 대신하기 위하여 이체해 둔 자금이 있다면 다시 돌려 놓는 것이 좋을 수도 있다. 받았던 금전의 반환은 각각 증여로 보는 것이 원칙이므로 이 부분은 세무 전문가와 상의하는 것이 좋다.

만약 부동산 매도계약을 체결하고 아직 잔금을 수령하기 전이라면, 잔금일을 언제로 할 것인지에 따라서 세금이 달라진다. 즉, 상속개시 후에 상속인들이 잔금을 받게 되면 양도가액과 취득가액(= 상속세 과세가액)이 동일하여 양도소득세는 없지만, 상속인들이 취득세는 부담해야 한다. 실무적으로는 상속등기를 하지 아니하므로 취득세를 잊고 있다가 나중에 가산세를 포함하여 추징당하는 사례가 많다.

반대로 상속개시 전에 잔금을 받게 되면 취득세는 피할 수 있지만, 피상속인의 양도소득세를 납부해야 하는데 이해득실을 따져서 잔금일을 조정할 수도 있다.

그 밖에, 금융자산이 부족하다면 주변에서 일시적으로 차입하였다가 상속개시 후에 언제라도 상환하면 금융재산상속공제를 받을 수도 있다. 배우자를 포함한 상속인들로부터 차입도 가능은 하나 담보설정과 이자지급 등을 통해서 차입거래임을 입증할 책임이 남는다. 중소기업을 운영하고 있다면 회사로부터 가지급금을 계상하면서 차입하면 된다. 단, 금융기관으로부터의 차입금은 금융자산에서 차감되므로 의미가 없다.

주식이나 종친회 재산 등을 차명으로 보유하고 있다면 생전에 다시 환원하거나 실제 소유자를 확인할 수 있는 서류를 확보해 두어야 한다. 오래 전에 작성된 이후 자동갱신되고 있는 임대차계약서라면 상속채무인 임대보증금을 명확히 하기 위하여 다시 작성해 두는 것도 필요하다.

마지막으로, 실무에서 많이 도움되는 것이 금융거래조회이다. 앞서 언급한 것처럼 상속세 조사의 출발은 상속인 및 피상속인의 과거 10년 동안의 금융거래자료에 대한 소명이다. 상속세 신고나 세무조사 전이라도 상속인이 금융거래내역을 미리 파악하는 일은 꼭 필요한 일인데 상속개시 후에 금융기관을 방문하면 통장거래내역을 파일이 아닌 인쇄본으로 받게 된다.

경험이 있는 상속인은 알겠지만, 그 많은 통장거래내역을 파일로 받지 못하면 내용파악에 상당한 애로를 겪게 된다. 따라서 생전에 공인인증서 등을 확보해서 파일형태로 확보해 두는 것이 좋고, 나아가서 피상속인과 생전에 많은 대화를 통해서 중요한 거래내용과 증빙서류는 미리 확보해 두어야 한다. 추정상속재산이나 사전증여재산의 소명에 반드시 필요하기 때문이다.

상속개시 전이라면
합리적인 물납계획을 준비하자

절세노트

상속개시에 임박해서 상속세를 현저히 줄이기 위한 묘책이 마땅치 않다면 차라리 상속재산 중에서 적당한 재산을 물납함으로써 상속인들의 부담을 줄일 수 있는데 여러 상속재산 중 상속인들이 원하는 것이 물납될 수 있도록 적극적으로 정비하는 것이 좋다.

심층분석

상속인들은 상속세를 물납하는 것에 소극적인 경우가 많다. 부동산 등의 경우 기준시가 등으로 상속재산을 평가하고 물납을 허가하는 바, 이러한 기준시가 등은 대부분이 시가에 비해서 낮으므로 상속인들이 손해를 보는 듯한 느낌이 생기기 때문이다.

그러나 처분이 어렵거나 관리가 곤란한 부동산은 기준시가 수준으로라도 물납되기를 원하기도 한다. 문제는 그런 부동산은 세무당국도 물납받기를 원치 않는다는 것이다. 즉, 상속인에게 매력적인 재산은 세무당국도 탐낸다는 의미인데 상속이 임박했다면 상대적으로 덜 매력적인 재산이 물납될 수 있도록 정비해 볼 수도 있다.

최근 암 선고를 받은 A 씨의 자녀들은 아버지가 사망하신 후의 상속세가 걱정되었다. 아버지의 재산은 대부분 부동산과 비상장주식으로 이루어졌기 때문에 당장 상속세를 납부할 재원이 없는 것이다.

아버지를 통하여 자녀들이 파악한 상속받을 재산의 현황은 다음과 같으며, 상속세는 약 50억 원으로 예상되었다.

(단위: 원)

구분	상속재산	비고
상가	1,000,000,000	현재 공실임
토지 A	2,000,000,000	나대지
토지 B	2,000,000,000	불법 건축물이 있음
토지 C	1,000,000,000	묘지가 있음
토지 D	2,000,000,000	재활용 사업자에게 임대함
비상장주식	16,000,000,000	통일주권 발행되지 아니함
예금	1,000,000,000	
합계	25,000,000,000	

물납을 신청하면 과세당국은 상가와 토지 A를 물납허가하려 할 것이나, 상가의 경우는 임대수익률이 우수한 부동산이며, 토지 A는 향후에 개발가능성이 높아서 상속인들은 장기보유하고 싶어 한다. 오히려 토지 D와 비상장주식을 물납하는 것이 유리하다고 보고 있다.

토지 D는 현재 재활용 사업자와 임대차계약을 체결 중이나 개발이 제한되어 있어 잠재적인 재산가치가 약하고, 비상장주식은 자녀들이 경영에 참여할 계획이 있는 것이 아니므로 장기보유할 필요가 없다는 생각인 것이다.

이렇게 상속인들이 원하는 재산으로 물납허가를 받으려면 상속이 개시되기 전에 미리 정비해야 할 필요가 있다.

우선, 상가는 적당한 세입자와 조속히 임대차계약을 체결하고 전세권을 설정하도록 해야 하며, 토지 A의 경우에는 임대할 수 있는 상황이 아니라면 해당 토지를 담보로 대출을 받아서 저당권이 설정되도록 하여 물납하기에 적절하지 아니한 재산의 형태로 변경하여야 한다.

그리고 상속인들이 원하는 재산에 대하여 물납요건을 충족할 수 있도록 하여야 하는 바, 토지 D의 경우는 현재 세입자와 임대차계약을 해지하여 나대지 상태가 될 수 있도록 해야 한다. 납부할 세액보다 더 큰 부동산을 물납하면 나머지 차액을 돌려받지 못하므로 미리 적절한 분할등기를 해 두는 것도 필요하다.

비상장주식은 통일주권이 발행되어야 하므로 관련 내용들을 정비해야 한다. 예를 들어서, 자본금이 10억 원 이상이어야 하는데 그렇지 않다면 외부 감사인으로부터 적정의견 등을 받아야 하고, 정관 및 법인등기부 등에 주식양도에 제한이 없도록 한 후에 한국결제원 등의 명의개서 대리인을 통하여 통일주권을 발행하여야 한다. 실무적으로는 경영권이 없는 주주의 경우에는 이에 대한 회사의 협조가 없어서 물납이 좌절되는 경우가 많다. 통일주권에 대한 발행 및 유지비용이 부담될 뿐만 아니라 물납 후 공매과정에서 경쟁회사 등이 주주가 될 가능성을 우려하기 때문이다.

마지막으로 납부할 세액에서 금융재산을 차감한 나머지 금액만큼만 물납을 허용하므로 물납을 많이 하고 싶은 경우에는 금융재산상속공제를 포기하더라도 또 다른 부동산 등을 취득하여 물납할 수 있는 세액을 크게 해 두어야 한다.

납세자가 물납하고자 하는 상속재산은 과세당국 입장에서는 거부하고 싶은 재산인 경우가 많다는 점을 항상 기억하면서 원하는 상속재산이 물납요건을 충족할 수 있도록 그 순서와 형식을 면밀히 정비하는 것이 좋다.

10

사망시점에
집중적으로 챙길 것들이 있다

절세노트

오랫동안 투병하다 사망하신 부모님의 병원비를 자녀들이 대신 납부하는 것은 불필요하게 상속세를 더 내는 결과만 초래할 수 있다. 사망 전에 지출하는 병원비는 부모님의 예금으로 지출하고 사망시점에 미납된 병원비는 상속세 계산에서 부채로 신고해야 상속세를 줄일 수 있다.

또, 종합소득세나 재산세 등 신고하거나 부과되지 아니한 공과금이나 세금도 사망일 현재 납부할 의무가 성립된 것은 상속재산에서 차감되므로 확인해야 한다.

심층분석

부모님이 돌아가시면 자녀들은 경황이 없어서 상속세와 관련하여 중요한 사항들을 놓치는 경우가 종종 있다.

대표적인 경우가 병원비이다. 연로하신 부모님이 장기간 병원에서 투병하시다가 돌아가시면 병원비도 상당히 큰 경우가 많은데, 이 병원비를 효도하는 차

원에서 자녀들이 납부한다면 이는 상속세 측면에서는 전혀 바람직하지 않다.

사망시점에 미납된 병원비라면 상속재산에서 차감되는 피상속인의 채무에 해당되어 상속세를 줄일 수 있지만, 일반적으로 장기간 입원환자의 경우 병원에서 중간정산을 요구한다. 이 중간정산액을 자녀들이 결제하면 안 되고 부모님의 예금이나 신용카드로 결제해야만 상속재산에서 차감되어 상속세가 줄어드는 것이다. 어쩔 수 없이 자녀들이 병원비를 대납한 경우라면 관련 증빙을 잘 보관했다가 상속채무 즉, 피상속인이 상속인에 대한 채무로 소명하는 노력이 필요하다.

또, 사망일부터 장례일까지 장례에 직접 소요되고 사회통념에 부합하는 장례비용은 최고 1천5백만 원까지 비용으로 공제가 가능하므로 관련 영수증을 꼼꼼히 보관해야 한다. 예를 들어, 수의에 소요된 비용은 다소 거액일 수가 있는데 현금거래를 하고 법정 영수증을 받지 않는 경우가 많다. 법정 영수증을 받지 못한 경우라면 금융거래로써 대금을 지출하고 영수증에 거래 상대방의 인적사항(상호, 주민등록번호 또는 사업자등록번호, 주소, 연락처 등)을 확보해 두어야 한다.

또 사망일 현재 피상속인이 납부할 의무가 성립된 각종 공과금과 세금들도 납부고지서를 수령하지 않았거나 자진해서 신고서를 제출하지 않았다 해도 상속세에서 차감해 주므로 간과해서는 안 되겠다.

예를 들어, 토지를 보유하던 사람이 6월 2일에 사망한 경우에 사망일 현재 재산세 납부고지서를 받지는 않았지만 보유한 토지에 대한 재산세는 이미 매년 6월 1일에 그 납세의무가 성립된다. 따라서, 6월 1일 기준의 재산세는 상속재산에서 차감하게 된다.

이렇게 일정한 시점을 기준으로 납세의무가 성립되는 대표적인 세금들을 보면 다음과 같다.

▶ 종합소득세와 지방소득세: 상속개시일

▶ 부가가치세: 매년 6월 30일과 12월 31일 등

▶ 종합부동산세와 재산세: 매년 6월 1일

▶ 주민세: 매년 7월 1일

따라서, 상속개시일이 언제인지에 따라 상속세가 달라질 수 있으므로 공과금이나 세금도 확인해야 한다.

임대사업자가
주의해야 할 상속세 조사

절세노트

부동산 임대업은 개인기업과 법인기업 중 가족들의 의견이 잘 반영될 수 있는 형태를 선택하는 것이 좋고, 상속세 조사에서는 누락된 임대소득이 흔히 발견되고 있으므로 상속이 다가올수록 임대소득신고를 정상화하여야 한다. 임대보증금은 상속채무이므로 그 실체성에 대한 조사와 추정상속재산 등 자금사용처 조사에 대비해야 한다. 동거주택상속공제를 위해서는 다세대주택보다 다가구주택이 유리하고, 상가주택이라면 주택면적을 상가보다 크게 설계하는 것이 유리하다.

심층분석

대부분의 상속에는 부동산 임대업이 동반되는데, 그 공통적인 내용들을 살펴보자.

우선, 상속하면서 자녀들마다 부동산을 하나씩 물려주면 좋겠지만 현실적으로는 여러 자녀들이 상속 부동산을 공유하는 경우가 많다. 부동산을 공유하게 되면 임대업을 유지하는 과정에서의 불편함은 제쳐 두고서라도 공동상속인들의 이해관계가 복잡하여 상속 부동산을 처분하려는 상속인과 그렇지 않은 상속인 사이에 이견이 발생하게 된다.

이때, 임대사업장을 법인형태로 하여 주식으로 상속받은 경우라면 주주총회의 특별결의(참석주주의 2/3이면서 전체주주의 1/3)를 거쳐야 하므로 소수지분자의 권리가 제한적이지만, 개인사업자 형태라면 공유물분할청구권을 활용하여 아주 작은 지분의 상속인이라 하더라도 공유부동산의 처분을 압박할 수 있으므로 법인형태에 비하여 상속 부동산의 처분이 상대적으로 쉽게 이루어질 수 있다. 따라서, 피상속인과 상속인들은 생전에 서로 협의하여 가족들이 선호하는 사업자의 형태로 임대업을 유지하는 것이 좋다.

법인사업자

소수지분자가 건물을 처분하기에는 개인사업자가 유리해요.

개인사업자

또 임대사업자에 대한 상속세 조사에서는 피상속인이 생전에 임대소득신고를 누락하거나 과소신고한 내용이 자주 발견되는데, 누락된 기간에 해당하는 소득세와 부가가치세뿐만 아니라 가산세까지 한꺼번에 누적되어서 추징되므로 상당한 부담이 된다.

법인세 · 소득세 · 부가가치세에 대한 세무조사와 달리 상속세조사에는 기본적으로 과거 10년 동안의 금융거래내역을 조회하게 된다. 세무공무원은 조사지침에 따라 조회결과와 임대소득에 대한 세무신고 내역을 비교하여야 하는데 이때 임대소득의 신고 누락이 쉽게 노출되는 것이다. 세무당국이 직접 현장을 방문하여 세입자에게 임대차 계약내용을 확인하고 조사하는 경우도 흔하다.

소급해서 추징하는 대상 기간은 부정한 방법의 누락이나 과소신고인지 여부에 따라서 과거 10년이나 7년 또는 5년 치에 대해서 적용되는데, 허위계약서나 이중장부 등을 유지하는 경우에는 과거 10년 치의 소득세와 부가가치세 및 가산세가 누적되므로 주의해야 한다. 한편, 뒤늦게 납부하는 세금은 가산세를 포함하여 모두 상속재산에서 차감되는 공과금에 해당하여 상속세 부담을 줄여 주되, 상속개시일 이후의 납부불성실가산세는 상속인에게 귀책사유가 있는 것이므로 차감되지 않는다.

상속개시일 현재의 임대보증금은 상속채무로서 상속세를 직접 줄여 주게 되므로 그 진정성에 대한 조사가 엄격한 편이다. 특히, 오래된 임대보증금이 자동으로 갱신되어 왔다면 흐릿한 임대차 계약서가 전부여서 당황스러울 때가 많다.

부가가치세 신고 시에 보증금과 월세를 꾸준히 신고하는 것이 좋으나 이마저도 주택의 경우에는 그동안 잘 이행되기 어려운 것이 현실이었다.

과거의 **임대보증금 수령액**은 자금추적(추정상속재산이나 사전증여재산 조사)을 항상 염두에 두어야 하는데, 세무조사관은 수령한 임대보증금이 피상속인의 계좌로 입금되지 않고 행여나 상속인에게 은밀하게 전달되지 않았는지 의심의 시각으로 바라보게 된다. 이때 금융거래 흔적과 메모 및 임대차 계약서를 잘 보관해 두고 있으면 도움이 된다. 특히 부동산 관리인의 계좌를 통해서 보증금과 월세가 이동된 경우가 있는데, 상속인들이 소명할 때 애를 먹기도 한다.

또 동거주택상속공제는 다가구주택이나 상가주택에도 적용되는데 각 세대별로 개별등기가 된 일명 다세대주택은 호실별로 각각 1주택으로 보는 반면, 전체가 하나로 등기된 다가구주택은 1주택이면서 타인에게 임대한 부분도 모두 동거주택상속공제 대상이 되어서 다세대주택에 비해서 유리하다. 상가주택의 경우에도 주택보다 상가부분의 면적이 더 작으면 모두 주택으로 보아 동거주택상속공제를 적용하므로 주택부분을 더 크게 설계하는 것이 유리하다.

상속개시 후에는 사업자등록증 및 세금계산서상의 대표자도 상속인으로 변경되어야 하는데 상속세 신고기한(상속개시일의 말일로부터 6개월)까지만 변경하면 가산세 등의 불이익은 없다. 만약, 이때까지 협의분할이 완료되지 않으면 일단 법정비율로 변경한 후 확정되었을 때 다시 변경하면 된다는 것이 과세당국의 입장이다.

임대부동산을 공동상속한 경우에는 임대수익도 상속등기비율로 배분해야 공동상속인 사이에 증여세가 발생하지 않는다. 일반적으로는 매월 회수되는 임대수익을 바탕으로 투명한 회계기록을 유지하다가 다음해 5월에 종합소득세를 최종 납부하면서 임대수익도 부동산 등기비율로 배분한다.

한편, 상속인들의 임대소득세를 계산하는 기준가격은 상속세 과세가액인데 이것은 감정평가액이나 기준시가 등이 된다. 다시 말해서, 극히 예외적인 법인사업자를 제외하고는 피상속인이 임대소득을 신고하면서 작성했던 장부가액과는 무관하다는 것이다. 따라서, 상속이 개시되기 전에 피상속인의 임대소득에서 감가상각비를 적극적으로 많이 계상할수록 유리하다.

 하나 더

임대사업자의 상속세 신고납부와 관련해서 상속세 납부목적으로 차입한 차입금의 이자비용이나 상속과정에서 발생할 수밖에 없는 취득세 및 상속세는 임대사업에 대한 소득세 계산 시에 경비로 인정해 주지 않는다.

직관적으로 보면 상속세 납부를 위한 차입금도 임대용 부동산을 취득하는 과정에서 필연적으로 발생하는 것이므로 해당 이자비용도 임대사업을 위한 필요경비에 해당한다고 생각할 수도 있을 것이다. 상속세와 취득세도 마찬가지로 생각할 수 있다.

하지만 세무당국은 이러한 비용들은 재산을 취득하기 위한 개인적인 비용일 뿐 임대사업에 관련된 비용으로 보지는 않는다. 다시 말하면 임대사업장이 상속으로 인하여 폐업 후 새로이 재개되는 것이 아닌 운영의 주체만 바뀌어 지속되는 것으로 보는 것이다.

— Bonus Tip —

상속등기 비율로 임대수익을 나누어야 한단다.

고액 상속재산에 대해서는
사후관리에 주의하자

상속재산이 30억 원 이상인 경우에는 5년 동안 상속인들의 주요재산 변동내역을 주기적으로 확인하게 된다. 이때 발견되는 대표적인 사례로는 부모가 자녀의 상속세를 연대납세범위를 초과하여 대신 납부하거나 자녀의 부채를 대신 상환해 주는 행위 또는 누락한 상속재산으로 차입금을 상환하는 행위 등이 있는데 모두 증여세나 상속세 과세대상이므로 주의하여야 한다.

심층분석

고액의 임대용 부동산을 은행 차입금과 함께 상속받은 A 씨는 최근 세무당국으로부터 공문을 받고 깜짝 놀랐다. 세무당국이 상속세 신고 당시에 포함되었던 은행차입금이 지난 달에 상환되었다면서 그 상환자금의 출처를 밝힐 것을 요청한 것이다.

사실 A 씨는 상속받은 재산에 대하여 작년에 세무신고와 함께 이미 국세청으로부터 엄격하게 세무조사를 받은 터였기 때문에 다시는 국세청에서 연락이 오지 않으리라고 생각했다. 더구나 한 달 전에 상환한 은행 차입금을 국세청이 그렇게 빨리 파악하고 소명요청했다는 사실이 놀라웠다.

다행히 A 씨의 경우, 기존 은행보다 금리가 낮은 다른 은행으로 변경하는 과정에서 새로운 은행에서 받은 차입금으로 상환한 것이기 때문에 해당 은행으로부터 자료를 협조받아 명쾌하게 소명할 수 있었다.

A 씨의 경우처럼 상속세에 대한 조사가 끝나도 안심할 수 없는 경우가 있다.

대표적인 것이 고액상속재산에 대한 사후관리이다. 상속재산이 30억 원 이상이면 세무조사가 종결되었더라도, 세무당국은 5년 동안 상속인들이 보유한 부동산이나 주식 및 차입금 등 주요재산의 증감내역에 대하여 주기적으로 확인하도록 되어 있다.

이는 상속재산이 거액이면 당초의 상속재산에 오류나 탈루가 있을 가능성이 더 크다고 보고 반드시 사후관리를 하겠다는 취지에서 만들어진 규정이다. 이 과정을 통해 흔히 발견되는 사례들로는 다음과 같은 것이 있다.

▶ 은닉재산이 발견되어 당초의 상속세를 재결정한 사례
▶ 부모가 자녀의 상속세를 대신 납부하는 등 다른 상속인의 상속세에 대해 연대납세범위를 초과하여 납부한 사실이 발견되어 증여세가 과세된 사례
▶ 부모가 자녀의 상속채무를 대신 상환한 사실이 발견되어 증여세가 과세된 사례

따라서, 상속세 조사가 일단 끝났더라도 다른 상속인의 상속세를 대신 납부하

거나 채무를 상환하는 행위를 자제해야 할 것이고, 5년이 경과할 때까지는 증가된 재산과 감소된 부채의 자금출처를 소명할 준비를 해야 한다.

고액의 상속재산이 아니더라도 상속세 조사가 이미 이뤄진 사건에 대해 사후에 세무당국이 내부 감사를 한 결과, 기존에 이뤄진 상속세 조사에 결함이 발견되면 재조사할 수 있다는 사실도 유의해야 한다.

한편, 일정액(예: 50억 원) 이상의 상속재산은 일선 세무서에서 세무조사를 수행하지 않고 지방국세청에서 직접 실시한다. 지방국세청은 세무서에 비해 상대적으로 거액의 상속재산에 대한 조사를 실시하며, 조사담당자가 담당하는 업무의 수가 상대적으로 적으므로 해당 사건에 대해 광범위한 금융조회를 하는 등그 조사를 심도 깊게 하는 것이 일반적이다.

이런 이유 때문에 일부 상속인과 세무대리인은 상속재산의 평가방법을 잘못적용하는 방법 등으로 상속재산이 이 기준금액을 초과하지 아니하도록 신고하는 경우도 있다. 그러나 세무당국은 이 기준금액에 일정한 수준으로 미달하는 상속세 신고 건에 대해서도 의도적인 과소신고가 없는지 면밀히 검토하고 있다는 사실도 함께 기억해야 한다.

상속세 재원이 부족하다면
연부연납과 물납제도를 활용하자

절세노트

현금성 자산이 부족한 경우에는 부동산 등으로 세금을 납부하는 물납이나, 수년에 걸쳐서 나누어 내는 연부연납제도를 활용할 수 있다.

심층분석

상속세는 피상속인의 모든 재산에 대해 한꺼번에 과세되기 때문에 일시에 납부하기 곤란한 경우가 많다. 특히, 부동산이나 비상장주식 등 단기간에 현금화하기 곤란한 재산을 상속받게 되면 처분하기도 어려울 뿐만 아니라 설령 처분한다 하더라도 급하게 해야 하므로 납세자에게 재산상 손해가 발생할 수 있다.

따라서, 상속세및증여세법에서는 이러한 부담을 줄여 주기 위한 규정을 두고 있는데 대표적인 것이 물납과 연부연납제도이다.

물납제도는 세금을 현금으로 납부하는 대신 상속받은 재산으로 대신 납부할 수 있는 제도를 말한다. 상속받은 재산 중 부동산과 유가증권이 전체의 1/2 이상이고 납부세액이 2천만 원 이상인 경우에는 부동산이나 유가증권에 해당하는 상속세를 한도로 금융재산 등으로 납부하고도 부족한 금액에 한하여 물납신청을 할 수 있다.

물납신청을 받은 세무당국은 앞서 살펴본 바와 같이 저당권 등이 설정되어 있거나 소유권이 공유되어 있는 부동산 등에 대해서는 그 처분이 곤란하다는 이유로 물납을 거부할 수도 있다.

물납할 수 있는 재산은 대체로 부동산이나 국·공채 및 회사채 등이며 그 수납가액은 원칙적으로 상속세 및 증여세를 과세한 가액이 된다.

여기서 종종 문제가 되는 것은 상장주식과 비상장주식에 대해 원칙적으로 물납이 허가되지 않아 납세자에게 실질적인 도움이 못 되는 경우가 많다는 것이다. 상장주식은 납세자가 쉽게 현금화할 수 있으므로 매각하여 현금으로 납부하라는 취지이며, 비상장주식은 반대로 세무당국이 현금화하여 국세에 충당하기 어렵다는 취지인 것이다.

특히, 비상장주식에 대해 물납을 제한하고 있는 것은 그 유동성이 제한적이라는 사실을 세무당국 스스로 인정하는 셈이 되는데, 이는 결국 상속세나 증여세를 부과한 기준이 된 비상장주식의 평가액에 대해 원천적인 의구심을 일으키는 대목이며 많은 민원이 발생하는 부분이기도 하다. 그러나 증여와 달리 상속의 경우에는 물납의 요건을 충족하면 과세당국이 이를 허가하여야 하므로, 다른 상속재산이 없거나 있다 하더라도 지상권이나 전세권 등이 설정됨을 이유로 앞서 살펴본 바와 같이 비상장주식의 물납을 적극적으로 추진하는 것이 좋다.

다음으로, 일시에 거액의 세금을 납부하기 어려운 경우 수년에 걸쳐 나누어 낼 수 있도록 하는 연부연납제도가 있다. 납부할 세액이 2천만 원 이상인 경우, 납세를 위한 담보제공과 함께 연부연납을 신청하면 대체로 5년의 기간 동안 납부할 세액을 나누어서 낼 수 있다. 담보로 제공된 부동산 등에 대해 세무당국이 평가하여 허가를 하여야 하는데, 담보로 제공하는 부동산은 반드시 상속재산일 필요는 없으므로 상속인의 고유재산이어도 상관없다. 다만 연부연납은 공동상속이 모두 동일하게 적용해야 하는 바, 어떤 상속인은 일시납을 하고 다른 상속인은 연부연납을 하는 식으로 다르게 할 수는 없다.

연부연납 허가에서는 담보평가가 중요한데, 세무당국 입장에서는 납세자에게 대출하는 것과 마찬가지이므로 연부연납할 세금의 130%만큼 저당권을 설정하게 된다. 문제는 담보로 제공한 부동산 등에 충분한 담보력이 있는지를 평가할 때 상속세를 부과하는 기준과 다른 이중성을 보인다는 것이다. 대표적인 것이 아파트인데, 상속세 부과는 실거래가를 기준으로 하면서 담보력평가는 공동주택고시가격으로 하기 때문에 납세자에게 불리하다.

연부연납이 허가된 세금에 대해서는 일정한 가산금(현재 연 2.1%)을 추가로 납부해야 하므로 금융기관에서 차입할 경우의 대출이자보다 대체로 유리한 편이다. 가산금이 부담되는 등 조기상환을 원하는 경우에는 남은 연부연납세액을 만기 전에라도 상환할 수 있다.

납세담보 설정액 때문에 임대계약이나 대출계약에 어려움이 있으면 연부연납 기간 중이라도 이미 납부한 부분에 해당하는 설정액을 줄이는 것도 가능하다.

한편 연부연납과 물납을 동시에 신청할 수도 있으므로 현금 유동성을 고려하여 적절히 선택하면 된다.

상속주택의 분할과
양도소득세 비과세

절세노트

동일 세대를 구성하던 가족의 사망으로 주택을 상속받는 경우, 아무리 작은 지분으로 공동상속등기를 했더라도 1주택을 소유한 것으로 본다. 따라서 나중에 분가를 하여 다른 주택을 소유하게 되면 1세대가 2주택을 소유한 결과가 된다. 그러나 별도의 세대를 구성한 상태에서 상속받은 주택은 그렇지 아니하다. 또한 상속받은 주택을 먼저 양도하면 상속주택에 대해서는 1세대 1주택 비과세 혜택이 적용되지 않으므로 상속주택 외의 다른 주택을 먼저 양도해야 한다.

심층분석

서울에 살고 있는 A 씨는 자신의 아파트를 매각한 후, 자신은 1세대 1주택에 해당하므로 양도소득세를 낼 필요가 없다고 생각하여 양도소득세 신고를 하지 않았다. 그러나 최근 세무서로부터 양도소득세를 납부하라는 통지를 받고 깜짝 놀랐다.

내용을 알아보니 10년 전 A 씨가 대학생일 때 돌아가신 아버지가 남기신 상속주택을 어머니와 3남매가 법정상속분에 따라 공동상속등기를 한 것이 화근이었다. 당시에는 A 씨를 포함한 모든 상속인이 아버지와 동일세대원이었고, 아버지의 갑작스런 사망에 경황이 없어 법정상속분에 따라 공동상속등기를 했던 것이다. 그 이후 어머니가 계속해서 주거하고 계셨다.

세월이 흘러 A 씨가 결혼 후 분가하면서 직장생활을 통해 모은 돈으로 아파트를 샀고, 나름대로 1세대 1주택 요건을 충족했다고 판단한 시점에 매각을 했던 것이다. 물론, 어머니가 거주하고 계신 집에 자신의 지분이 조금 있는 것을 알고는 있었지만 제일 큰 지분만 아니면 상관없다는 주위의 말을 들은 상태였다. 그런데 A 씨에게는 왜 양도소득세가 부과되었을까?

A 씨가 간과한 사실은 동일세대원이 상속받은 주택은 아무리 지분이 작은 공동상속인이라 하더라도 1주택을 소유한 것으로 본다는 사실이다. 즉, 아파트를 파는 시점에 A 씨는 이미 1세대가 2주택을 보유한 셈이 되는 것이다. 따라서 동일세대원으로부터 주택을 상속받는 경우에 공동상속등기를 하는 것은 양도소득세 비과세 혜택에 역행하는 것이라는 사실을 유념해야 한다.

상속받은 주택이 다른 주택의 1세대 1주택 비과세 혜택에 영향을 주지 않기 위해서는 상속인과 피상속인이 별도의 세대를 구성하고 있어야 한다. 별도의 세대원인 피상속인으로부터 상속받은 주택(공동상속 주택 포함)은 다른 주택의 양도 시에 상속주택이 없는 것으로 보므로 그 다른 주택 자체로만 1세대 1주택 해당여부를 판단하는 것이다.

이 비과세 규정은 상속주택 외의 다른 주택을 먼저 양도하는 경우에만 그 양도하는 주택에 대해 비과세하는 것이며, 상속주택을 먼저 양도하게 되면 양도소득세를 부과한다는 사실도 주의해야 한다.

한편 기존의 주택을 취득하고 1년 이후에 또 다른 주택을 상속받아서 1세대가 2주택을 보유한 결과가 되었다고 하더라도 상속개시일로부터 3년 이내에 기존주택을 매각하면 일시적인 2주택으로 보아 그 주택의 양도에 대해서 양도소득세를 부과하지 않는다.

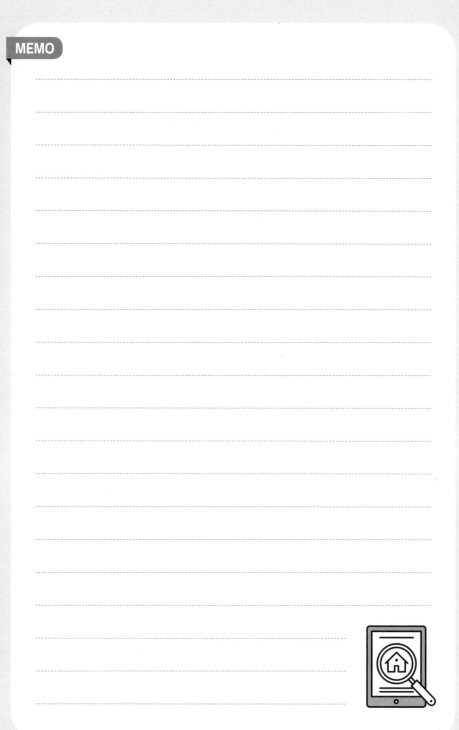

PART
03

중소기업의
상속 · 증여세

기업의 최고 미덕은 생존이라는 말이 있다. 어려운 시대에 고용창출은 어떤 복지 정책보다 좋다고 한다.

상속 · 증여세는 높은 세율 때문에 기업의 존속 자체를 어렵게 하기도 한다. 특히 자금력이 상대적으로 열세인 중소기업과 그 대주주에게는 부담이 과하다고 할 수 있다. 오죽하면 두 번만 상속하면 경영권이 없어진다는 말이 있겠는가?

소유와 경영이 분리되지 않은 많은 중소기업의 현실을 볼 때, 소유주의 경영권이 불안정해지는 것은 해당 기업뿐만 아니라, 소속 임직원 및 협력회사의 생존과도 직결되는 문제이므로 중소기업의 가업승계는 특히 중요하다고 할 것이다.

여기에서는 중소기업의 오너 일가 입장에서 생각해 볼 상속세와 증여세를 살펴본다.

비상장기업의
주식가치 평가구조를 이해하자

―

　중소기업에 대한 상속세와 증여세는 세금부과 기준이 되는 비상장기업의 주식가치를 평가하는 데에서 출발한다. 세율이 다른 상속이나 증여와 마찬가지로 10~50%의 5단계 초과누진세율로 동일하게 적용됨에도 불구하고, 중소기업과 그 대주주에게 상속세 및 증여세가 특히 부담이 되는 중요한 이유는 이 비상장 주식의 평가방법 때문이다.

　시가가 형성되는 상장회사와는 달리 비상장회사의 주식은 객관적인 시가를 찾기가 어렵기 때문에 어쩔 수 없이 세법에서는 매매사례가액이나 보충적평가방법 등의 규정을 두고 있다.

　우선, 매매사례가액이란 평가대상기간 동안 지분율 1%와 액면가액 3억 원 중 작은 금액 이상의 주식이 매매된 사례가 있다면 그 가격을 시가로 보는 것이다.

해당 비상장주식이 매매된 사례가 있다 해서 이 가격이 언제나 시가로 인정된다고 보기는 현실적으로 어렵다. 이 매매사례가액에 대한 해석은 '객관적인 교환가치가 적정하게 반영된 정상적인 거래'일 것을 전제로 하는데, 이 전제조건에 부합하는지 여부에 대한 판단을 한 번 더 해야 하기 때문이다.

즉, 매매된 사례가액이 존재하더라도 세무당국 입장에서는 과세에 유리하다면 시가로 보아 과세를 하려고 할 것이고 그렇지 않다면 시가가 존재하지 아니하다고 판단할 가능성이 있다. 따라서 현실적으로 매매사례가액이 언제나 시가가 된다고 보기는 어려운 것이다.

예를 들어 한 달 간격으로 거래된 비상장기업의 주식가액이 서로 큰 차이가 난다면 어느 것을 시가로 볼 것인가? 그 한 달 사이에 해당 기업이 획기적인 제품을 개발했거나 엄청난 매출계약을 하게 되었다면 이것을 또 어떻게 해석할 것인가? 세무당국과 주식거래 당사자는 적정한 주식가치평가를 둘러싸고 치열하게 논쟁을 벌일 것이다.

또 다른 관점에서 보면 매매사례가액 제도를 악용하여 인위적으로 매매사례를 조성하는 납세자도 있을 수 있으므로, 세무당국은 더욱 더 매매사례가액에 대한 적용을 보수적으로 하게 된다.

이런 이유들로 매매사례가액이 시가로 인정되기 어려울 경우에는 차선책으로 해당 기업의 순자산가치와 순손익가치를 가중평균하는 방법으로 주식가치를 평가하는데, 이를 보충적평가방법이라 부른다. 현실적으로는 대부분의 상속과 증여에 적용되는 방법이라고 할 수 있다.

이 방법의 개략적인 구조만 살핀다면 중소기업의 대주주는 평소에도 주식의 평가액을 최소화하는 방법과 시기에 대하여 아이디어를 도출할 수 있고, 이를 바탕으로 상속세와 증여세에 효과적으로 대처할 수도 있을 것이다.

개략적인 산정방법은 회사의 순자산가치와 순손익가치를 다음과 같이 각각 2와 3의 비율로 가중평균한 가액을 해당 기업의 주식가치로 평가하되, 순자산가치의 80%를 하한으로 하고 부동산이 총자산에서 차지하는 비율이 50%가 넘으면 반대로 3과 2의 비율로 가중평균한다.

비상장주식가치= MAX[(순자산가치 × 2 + 순손익가치 × 3)/5, 순자산가치 × 80%]

단, 청산 중이거나 사업개시 후 3년 미만인 회사 및 주식 비율이 80% 이상인 법인 등은 순손익가치를 무시하고 순자산가치로만 평가한다.

순자산가치란 대체로 자산에서 부채를 차감한 금액을 의미하고 순손익가치란 과거 3개년 동안의 순손익을 가중평균하여 산출한 가액을 의미하는데, 평가기준일로부터 가까운 연도의 것에 더 많은 가중치를 두는 방식이다.

한편 대주주 지분에 대해서는 위 평가결과에 다시 10~30%의 할증이 되나 중소기업에 대해서는 현재 유예하고 있다. 부동산 임대업도 중소기업에 해당하여 할증평가가 적용되지 않고 있다.

2018년부터 하한(순자산가치의 80%)제도가 도입되는 등 주식가치 평가액을 조정할 수 있는 여지가 많이 줄어들었으므로, 경영자 입장에서는 평가시점 즉, 증여시기를 임의로 조정함으로써 주식가치를 최소화하는 것이 현실적인 대안이다.

지분의 100%를 보유하고 있는 세 기업의 대주주가 자녀 1인에게 자신의 보유지분을 전액 증여하는 상황을 가정해 보자. 이 기업들은 모두 3년 전에 자본금 5억 원(1주당 액면가액 5천 원, 총발행주식수 100,000주)으로 설립되었고, 설립 후 지난 3년 동안 누적된 1주당 순손익의 합계는 각각 6만 원이므로 각 기업의 1주당 순자산가치는 65,000원(설립 자본금 5,000원, 누적이익 60,000원)으로 서로 동일하다.

그런데 이 세 기업의 손익패턴은 서로 다르다. 즉, A 기업은 회사의 순이익이 지속적으로 증가하고 있는 성장형 회사이고, B 기업은 반대로 순이익이 지속적으로 감소하고 있는 쇠퇴형 회사이며, C 기업은 순이익과 순손익의 변화가 심한 변화형 회사이다.

이들 대주주가 지금 당장 자신들의 지분을 전액 증여할 경우, 증여세를 산출해 보면 다음과 같다.

구분	A 기업(성장형)	B 기업(쇠퇴형)	C 기업(변화형)	비고
ㄱ. 1주당 순손익액	23,333	16,667	–	= (① × 3 + ②
① 최근 1년 전	30,000	10,000	(80,000)	× 2 + ③ × 1)/6
② 최근 2년 전	20,000	20,000	80,000	
③ 최근 3년 전	10,000	30,000	60,000	
ㄴ. 가치 환원율	10%	10%	10%	
ㄷ. 1주당 순손익가치	233,333	166,667	0	= ㄱ / ㄴ
ㄹ. 1주당 순자산가치	65,000	65,000	65,000	영업권 생략
ㅁ. 1주당 기업가치	166,000	126,000	26,000	= (ㄷ × 3 + ㄹ × 2)/5
ㅂ. 하한(순자산의 80%)	52,000	52,000	52,000	= ㄹ × 80%
ㅅ. 1주당 주식가치	166,000	126,000	52,000	= Max(ㅁ, ㅂ)
ㅇ. 증여주식수	100,000	100,000	100,000	
ㅈ. 증여재산가액	16,600,000,000	12,600,000,000	5,200,000,000	= ㅅ × ㅇ
ㅊ. 증여재산공제	50,000,000	50,000,000	50,000,000	성인 가정
ㅋ. 증여세과세표준	16,550,000,000	12,550,000,000	5,150,000,000	= ㅈ – ㅊ
ㅌ. 증여세율	10~50%	10~50%	10~50%	
ㅍ. 증여세산출세액	7,815,000,000	5,815,000,000	1,900,000,000	= ㅋ × ㅌ

위 A · B · C 세 기업은 1주당 순자산가치(ㄹ)가 모두 65,000원으로 동일한데, 이는 위 세 기업을 현재시점에서 청산하여 기업의 모든 재산을 주주에게 배분한다면 주주가 받을 수 있는 금액이 동일하다는 의미이다. 일반적으로 기업가치는 손쉽게 이 순자산가치로 평가하기도 하므로 체감적인 기업가치는 서로 동일하다고 할 수도 있다.

A 기업과 B 기업의 순손익가치(ㄷ)를 계산해 보면 A 기업은 233,333원으로 166,667원인 B 기업보다 40%가 더 크다. 그 이유는 순손익가치를 산정하는 방

식이 과거 3개년의 순손익액에 대하여 최근 연도순으로 각각 3과 2 및 1의 가중치를 두고 있기 때문이다. 즉, 가장 최근의 순손익이 현재시점의 기업가치를 더 잘 반영한다고 보아 가중치를 더 많이 두는 것이다.

극단적인 경우가 C 기업인데, C 기업은 A, B 기업과 마찬가지로 최근 3개년 동안 1주당 순이익의 합계가 6만 원임에도 불구하고 최근 연도에 손실이 발생하여 순손익가치는 영(0)이 되었고, 결과적으로 세 기업 중 가장 낮은 평가결과가 되었다. C 기업은 평가 하한인 순자산가치의 80%가 적용되었는데 만약, 과거에 누적된 결손금이 많았다면 그 평가액은 더욱 작아졌을 것이다.

결국 증여하기 직전의 이익패턴에 따라 그 평가액이 현저하게 차이가 나고, 이는 곧바로 증여세의 차이로 나타나서 A 기업 대주주가 자녀에게 지금 증여를 한다면 78억 원의 증여세가 산출되는 데 비해, C 기업의 경우에는 19억 원으로 산출되어 약 4배의 차이가 발생한다. 즉, 이익규모가 줄어들고 있거나 특히 최근 연도의 이익이 작을 때 주식평가액이 최소화된다.

만약 현재시점에 위 세 기업의 대주주가 자녀에게 본인 소유의 비상장주식을 증여한다면, C 기업의 경우가 증여세 측면에서는 최적기인 것이다.

대주주나 경영자는 회사 및 산업 전체에 대한 경기전망과 라이프사이클에 대해 그 누구보다도 많은 혜안과 정보를 가지고 있으므로, 증여하는 시점을 적극적으로 조절함으로써 절세효과를 극대화할 수 있을 것이다.

한편, 위와 같은 방법에도 불구하고 보유주식의 평가액을 만족스러운 수준으로 줄이기에는 한계가 있다고 느끼는 기업주는 기업공개(IPO) 즉, 상장을 생각하기도 한다.

상장을 하면 주식을 현금화할 수도 있을 뿐만 아니라 비상장주식에 대한 보충적평가방법에 의한 평가액보다 주가가 낮게 형성될 여지가 있고, 역사적으로도 보면 주식시황이 약세인 시기는 반드시 있기 마련이므로 그때마다 조금씩 증여하는 방법들을 활용할 수 있기 때문이다.

가업승계제도를
이해하자

절세노트

가업승계를 지원하는 제도에는 가업상속공제와 증여세 과세특례제도가 있다. 가업상속공제는 업종과 종업원 수의 유지조건이 까다롭고, 증여세 과세특례제도는 기한에 관계없이 다시 상속재산에 가산되어서 영원한 감면이 아니라 일시적 유예에 불과하다는 근본적인 한계가 있다.

🔍 심층분석

가업승계제도의 핵심은 가업상속공제이다. 이것은 중소기업이나 중견기업의 가업을 상속하는 경우에 500억 원을 한도로 가업상속재산 상당금액을 상속공제하는 제도이다.

그 개략적인 적용요건은 다음과 같다.

▶ 대상기업:

피상속인이 10년 이상 계속하여 경영한 중소기업이나 중견기업으로서 업종을 별도로 지정하고 있으며 임대업은 제외

▶ 피상속인:

최대주주이면서 가업영위기간의 50% 이상 대표이사로 재직하는 등 가업을 직접 운영한 거주자

▶ 상속인:

18세 이상이면서 상속개시 전 2년 이상 재직하고 상속세 신고기한으로부터 2년 이내에 대표이사로 취임하되 공동상속도 가능

문제는 상속개시일로부터 10년 동안 다음의 사후관리를 위배하면 공제하였던 상속세는 물론 이자상당액까지 추징한다는 것이다.

▶ 가업용 자산의 20% 이상 처분한 경우

▶ 상속인이 대표이사를 사임하거나 회사의 업종이 변경된 경우

▶ 상속인의 지분이 감소된 경우

▶ 정규직 근로자의 수가 감소한 경우

특히 앞날을 예측할 수 없는 기업환경에서 업종을 변경할 수도 없고, 정규직 근로자수를 줄일 수도 없는 것이 큰 부담이 된다. 한 해 가업상속공제 신청건수가 100여 건도 안 되는 이유가 아닐까 한다.

이외에도 증여세에 대한 과세특례제도가 있는데 이것은 다시 창업자금 과세특례와 가업승계 과세특례로 나뉜다.

창업자금 과세특례는 60세 이상 부모로부터 18세 이상 자녀가 금전을 지원받아서 1년 이내 중소기업을 창업하되 3년이 되는 날까지 모두 사용하는 경우에 30억 원(10명 이상 신규고용은 50억 원)을 한도로 5억 원을 공제한 금액에 10%

단일 증여세율을 적용하는 것이다.

가업승계 과세특례는 가업을 10년 이상 영위한 법인의 최대주주인 60세 이상의 부모님으로부터 18세 이상의 1인 자녀가 증여받는 지분에 대해서 100억 원을 한도로 5억을 차감한 금액 중 30억 원까지는 10%, 나머지는 20%의 증여세율을 적용하는 것이다.

그러나 이 제도 또한 엄격한 사후관리규정을 위반하면 증여세와 이자상당액을 모두 추징한다. 특히, 상속이 개시되면 아무리 오래 전에 과세특례를 적용받았던 창업자금이나 가업승계주식이라도 모두 상속재산에 다시 가산되므로 과세특례세율(10%, 20%)은 일시적인 유예의 의미이지 영원히 감면되는 제도가 아니라는 점에서 신청하는 사례가 현실적으로 많지 않다.

가지급금과 가수금에 대한
상속세 조사를 준비하자

절세노트

중소기업을 운영하면서 필연적으로 발생하는 가지급금과 가수금은 상속세나 증여세와
무관하다고 생각하기 쉽다. 그러나 가지급금은 피상속인이 회사의 자금을 인출하여 상
속인들에게 생전에 증여한 것으로 추정될 수 있고, 가수금은 금융거래 및 회계기록이
온전하지 않을 경우에 피상속인이 생전에 상속인들에게 현금으로 증여한 것으로 추정
될 수 있으므로 주의해야 한다.

심층분석

가지급금은 회사 자금을 대표이사 등이 정당한 사유 없이 인출한 것이어서
회사 입장에서는 대표이사 등에게 자금을 대여한 결과가 된다. 반대로, 가수금
은 회사의 운영자금이 부족하여 대표이사 등이 회사에 자금을 대여하는 것으로
회사 입장에서는 차입금이 되는 것이다.

이러한 가지급금이나 가수금은 부당행위부인규정만 주의하면 될 것이지 상속세나 증여세와는 무관하다고 생각하는 경우가 많으나 상속세 조사가 시작되면 난감할 때가 있다.

중소기업을 운영하던 A 씨가 갑자기 사망하게 되자 자녀들은 회사의 재무제표에 계상된 가지급금을 상속채무로 하여 상속세를 자진해서 신고했다. 세무당국은 이 가지급금에 대하여 자녀들로 하여금 그 지출용도에 대해 소명을 요청했다. 회사의 경영에 참여하지 않았던 자녀들이 그 지출용도를 제대로 소명하지 못하자 자녀들의 재산취득과정까지 확대해서 살펴보는 등 그 조사수위는 점점 더 높아만 갔다.

물론, 세무공무원의 의심처럼 회사자금을 인출하여 음성적으로 자녀들에게 증여하기 위한 수단으로 가지급금이 이용되는 경우도 더러는 있을 것이다. 그러나 A 씨 경우처럼 중소기업을 운영하다 제때에 비용처리를 못했거나, 어쩔 수 없이 영수증을 받지 못한 거래 때문에 가지급금으로 남아 있게 된 경우가 더 많을 것이다.

문제는 세무당국 입장에서는 가지급금이 기본적으로 상속채무로서 상속세를 줄여 주고 있으므로 그 실재성을 확인해야 될 입장에 있으며, 그 자금의 흐름이 추정상속재산이나 사전증여재산 등과 연결되어 있는지 확인할 수밖에 없다는 데 있다. 자녀가 회사의 경영에 참여하고 있었다면 소명하는 데 더 유리하겠지만 A 씨의 상황은 억울한 과세가 충분히 생길 수 있는 것이다.

따라서, 기업을 운영하면서 어쩔 수 없이 가지급금이 생기게 된다면 그 내용과 원인에 대하여 금융거래자료 등을 바탕으로 회계기록을 상세히 유지해 두는 것이 좋다. 또 가지급금은 상속세 조사 후에도 상속채무로 국세전산망에 등재되어서 정상적으로 상환되고 있는지 사후관리도 된다는 점을 잊지 말아야 한다.

반대의 경우도 있다. 개인기업을 운영하다 갑자기 사망한 B 씨는 회사의 운영자금이 부족하여 개인 예금계좌에서 수년간 거액의 자금을 인출해 회사의 운영자금에 보탰다. 그런데 회사 운영자금에 지출한 가수금(출자금)을 회사의 회계기록에 온전하게 기록하지 않은 것이 문제였다.

상속세 조사를 하던 세무당국은 B 씨의 예금계좌에서 사망 전에 인출된 거액의 자금거래를 확인하고 상속인들로 하여금 그 내용을 소명하도록 요청하였다. B 씨가 인출한 자금은 모두 회사의 운영에 사용되었음에도 불구하고, 회계기록 및 금융자료가 부족하여 상속인들은 그 사실을 소명할 수 없었고 결국 상속세가 과세되었다.

법인기업이라면 가수금이 어차피 상속채권으로 과세되므로 상관없겠지만, 개인기업의 경우에는 운영자금이 부족하여 추가로 보충할 때는 금융거래로서 그 내역을 명확히 해 두는 것이 중요하다. 즉, 피상속인의 개인계좌에서 회사의 사업자계좌로 일단 송금을 한 후에, 그 내역을 회사의 회계장부에 기록하면서 증빙서류와 함께 인출하여 필요한 운영비에 지출해야 세무조사에서 소명할 수 있다.

가지급금과 가수금의
증빙 처리를 잘 해 두세요.

 하나 더

대표이사에게 지급할 퇴직금은 근로자퇴직급여보장법 등에서 강제하지 않는다. 대표이사는 근로자가 아니기 때문이다. 따라서, 대표이사에게 퇴직금을 지급하기 위해서는 주주총회 결의 등에 의한 지급규정에 따라 지급하게 되는데, 상속개시시점에 회사자금 사정 등으로 실제로 지급할 수 없는 상황이면 퇴직금에 대해서 상속세만 납부할 수 있다.

상속인들이 퇴직금을 포기해도 여전히 상속세는 부과되며, 오히려 채무면제이익에 따른 법인세만 추가될 뿐이다. 세법은 상속인들이 일단 퇴직금을 수령하였다가 다시 회사에 기부한 것으로 보기 때문이다.

재무제표에 계상된 퇴직금이 실제로 지급되지 못할 것이 예상된다면 상속개시 5년 전에 포기하는 것이 좋다. 상속개시 직전에 포기하면 상속인 외의 자에게 5년 이내 증여한 것으로 보아서 상속재산에 다시 가산하기 때문이다. 대표이사의 퇴직금은 소득세 절세효과가 좋은 것은 분명하지만 상속을 생각한다면 지급할 여력이 분명할 때나 의미가 있으므로 퇴직연금에 가입하는 것도 좋은 방법이다.

— Bonus Tip —

자녀회사에
자금 지원하기

절세노트

자녀회사에 운영자금을 증여한다면 자녀의 지분 해당액만큼 증여이익이 생기게 되고, 무상이나 저리로 대여하면 적정이자율과의 차이만큼 증여이익이 생기게 된다. 자녀회사의 재무 상태에 따라서 지원방법을 모색해야 하며, 상속이 가까워지고 있다면 출자전환이나 대손금액입증에 집중해야 한다.

심층분석

중소제조업을 운영하는 A 씨는 오랫동안 보유해 오던 본사건물을 재개발할 생각을 하였다. 우선, 그 선행작업으로 토지와 건물만을 소유할 특수목적의 부동산법인을 설립하고, 제조업을 하는 자신의 법인은 본사 건물을 이 부동산법인에 매각한 후 다시 임차해서 사용하기로 하는 소위, 세일즈앤드리스백을 하였다.

부동산법인을 설립할 때는 자본금을 5천만 원으로 하여 자녀들에게 대부분의 지분을 배정하였고 증여세 신고를 하였으나 소액이어서 실제로 납부한 증여세는 없었다.

그런데 부동산 시장의 침체로 재개발계획은 차일피일 미뤄졌고 부동산법인이 지급해야 할 본사건물 매매대금 100억 원은 계속해서 미지급 상태로 남아 있게 되었다. 이를 이상하게 여긴 세무당국의 조사가 시작되었다.

세무조사 결과는 생각보다 충격적이었다. 우선, 건물매각대금 100억 원을 오랫동안 회수하지 않은 제조법인에게는 업무무관 가지급금에 따른 인정이자와 이자비용 부인을 적용하여 거액의 법인세를 부과하였다.

또 부동산법인의 주주들에게는 이 100억 원의 미지급금에 대해 세법상 적정이자율의 이자비용을 지급하지 않았다는 이유로 적정이자 상당액을 증여이익으로 보아서 증여세를 부과하였다.

의도나 구조는 A 씨와 다를 수 있지만, 부모가 자녀의 회사 운영자금을 지원하는 경우에는 증여세가 부과되는 것을 생각해야 한다. 흔히들 부모가 지원한 운영자금에 대하여 법인세를 납부하거나 결손법인이라면 이마저도 해당이 없으니 세무이슈를 쉽게 생각할 수 있다.

그러나 자녀회사에 지원된 자금은 결국 간접적으로 자녀의 지분가치를 증가시키게 된다. 회사에 자금을 증여하면 그 금액만큼 자녀의 지분가치가 올라갈 것이고, A 씨의 경우처럼 자금을 무상으로 대여한 결과라면 적정이자율만큼 자녀가 이익을 본 것이므로 증여세를 부과하게 된다.

예전에는 자녀회사가 결손법인인 경우에만 증여세를 부과했었다. 무상으로 생긴 이득에 대해서 법인세도 납부하지 않으므로 증여세만이라도 부과하자는 것이었다. 그러나 세법 개정으로 인해 흑자법인이라도 특수관계자의 지분이 50%를 넘는 법인에게 분여된 이익에 대해서도 동일하게 증여세를 부과하게 되었다. 때문에 사업자금의 지원방식을 상황에 맞게 판단하는 것이 중요하다.

결손금이 많은 법인이라면 차라리 원금을 증여하는 것이 유리할 수도 있다. 법인세를 납부하지 않으면서 자녀의 증여이익을 최소화할 수 있는 것이다.

상속을 염두에 둔다면 대여하는 것보다 출자를 하는 것이 유리할 수도 있는데, 이미 대여한 경우라면 출자전환을 하면 된다. 운영자금이 필요할 정도의 회사라면 세법상 주식평가액이 크지 않을 가능성이 크고, 대여채권의 경우보다 상속증여세법상의 보충적평가법을 적용하는 것이 상속재산 평가에서 유리하기 때문이다. 어쩔 수 없이 자녀회사에 대여한 경우라도, 상속이 가까워지고 있음에도 불구하고 사실상 회수가 어렵게 된다면 회수불가능을 입증할 준비를 하는 데 집중해야 한다.

초과배당을 위해서는
법률검토를 충분히 받자

절세노트

지분율이 작은 자녀에게 배당금을 몰아주는 초과배당 즉, 차등배당은 증여세를 피할 수 있는 유익한 방법이기는 하다. 그러나, 상법상 주주평등의 원칙을 위배하고 있으므로 기존의 판례들을 중심으로 위법성 여부를 충분히 검토하여야 한다.

심층분석

중소기업을 운영하는 A 씨는 아들에게 증여할 자금을 마련하기 위해 수년 동안 꾸준히 배당을 받았다가 다시 아들에게 증여하고 있었는데, 어느 날 지인으로부터 초과배당을 하면 증여세를 낼 필요가 없다는 말을 들었다. 즉, A 씨가 배당을 받으면서 배당소득세를 내고 다시 아들이 증여받으면서 증여세를 내고 있었는데, 초과배당을 하면 아들이 증여세를 낼 필요 없이 배당소득세만 납부하면 된다는 것이었다.

예를 들어, 아들에게 지분 10%를 증여하여 자신의 지분율은 90%가 된 상태에서 회사가 10억 원의 배당을 결의하되 자신은 포기하고 10%의 지분을 가진 아들에게만 10억 원 전액을 배당하는 것이다. 주주평등의 원칙에 따르면 배당금도 지분비율대로 정해져야 하므로 A 씨와 아들은 각각 9억 원과 1억 원의 배당을 받아야 마땅하지만, 이를 무시하고 불균등하게 배당한다고 하여 차등배당이라고도 부른다. 과연 지인의 말처럼 초과배당(또는 차등배당)을 해도 될까?

그동안 초과배당에 대한 과세당국의 해석이 분분하다가 최근의 세법 개정으로 일단락되었다고 할 수 있다. 세법에서는 불균등하게 받은 배당금은 그와 특수관계자로부터 받은 증여이익으로 보아 증여세를 부과하되, 초과배당금에 대한 배당소득세 상당액이 증여세보다 더 큰 경우에는 증여세를 부과하지 아니한다고 규정하게 되었다. 쉽게 말해서, 초과배당금에 대한 소득세와 증여세 중에서 큰 세금 하나만 부과하겠다는 의미이다.

소득세율과 증여세율은 모두 초과누진세의 구조이기는 하나 상대적으로 거액일수록 증여세율이 더 높게 책정되어 있다. 그러면, 초과배당액이 어느 정도여야 증여세가 소득세보다 더 크게 될까? 단순화해서 계산해 보더라도 초과배당액이 약 54억 원은 넘어야 소득세상당액보다 증여세가 더 커진다.

즉, 사례에서는 A 씨의 아들이 배당금을 54억 원 이하로 받는다면 증여세를 납부할 필요 없이 배당소득세만 납부하면 된다는 것이다. 그동안 A 씨가 해 왔던 방법에 비해서 증여세를 추가로 낼 필요가 없으므로 상당한 혜택임에 틀림없다. 증여세는 10년 동안 누적합산을 하므로 높은 세율이 적용될 가능성이 크나 배당소득세율은 해마다 별도로 적용하므로 상대적으로 낮은 세율이 적용되어서 종국적인 세 부담액은 훨씬 유리한 것이다. 더구나 A 씨는 고소득자이므로 배당소득세 또한 아들보다 더 컸었다.

결국 지인의 말이 일리가 있다는 것인데, 이런 이유로 많은 중소기업들이 초과배당을 실시하고 있다.

우리는 초과배당 자체의 위법성에 대해서 한번 생각해 보아야 한다. 상법에서는 배당받을 권리는 물론이고 의결권 등 모든 주주의 권리에 대해서 평등하게 적용하는 것을 원칙으로 하고 있다. 현재 상법의 어디에도 **주주평등의 원칙**을 위배해서 배당할 수 있다는 규정은 없다. 오히려, 차등배당을 위법한 배당으로 보아서 회사가 부당이득반환청구권을 행사할 수 있다고 보는 의견이 지배적이다.

그럼에도 불구하고 실무에서 초과배당이 시행되고 있는 이유는 대주주가 자신의 이익을 포기하고 소액주주에게 그 혜택이 돌아가는 경우 등에 대해서 이를 허용하는 법원의 판결이 있었기 때문이다. 그러나 판례는 그야말로 특정 사건에 대해서 개별로 판단한 것이므로 일반화하기에는 무리가 있다. 행여나, 초과배당이 상법상 주주평등의 원칙을 위배했다는 또 다른 판결이나 더 구체적인 상법규정이 생기기라도 하면 낭패이다.

세법에서 초과배당을 규정한 것이 마치 초과배당 자체가 허용된 것이라고 받아들이면 안 된다. 배당의 적법성 여부는 상법에서 정하는 것이며 세법은 그 과세방식만을 규정할 뿐이다. 상법에서 비상장회사의 자기주식 취득을 허용한 것이 세법상 과세와 무관하다고 생각하는 것과 반대 상황인 것이다.

따라서 초과배당을 실시하기에 앞서, 그 자체의 위법성과 배당결의과정 및 소액주주의 요건 등에 대해서 기존의 판례들을 바탕으로 충분히 준비해야 한다.

06

명의신탁 주식 환원하기

절세노트

명의신탁된 주식을 실제 주주에게 환원하기 위해서는 편의상 매매방식을 취하는 경우가 많으나 세무상 평가액과 매매가액의 차이가 크다면 증여세 부담이 클 수 있다. 이런 경우에는 명의신탁주식 실제소유자 확인제도나 주식반환소송을 활용해야 한다.

심층분석

중소기업을 설립할 때 과점주주의 2차 납세의무나 배당소득세 누진율 회피 등의 이유로 다른 사람의 명의를 빌려서 주식을 보유 즉, 명의신탁하는 사례가 종종 있다. 특히 오래전에는 회사 설립 시 발기인의 수를 채워야 했기 때문에 어쩔 수 없이 이루어진 경우도 많았다.

어떤 이유로든 주식을 명의신탁하는 행위는 공정한 조세행정을 저해하므로 세무당국의 입장에서는 반드시 금지해야 할 대상이다. 따라서 주식의 명의신탁 시 그 실질 소유자가 신탁자이기 때문에 증여행위가 아님에도 불구하고, 명의를 대여한 수탁자에게 증여한 것으로 간주하여 징벌적 의미로 과세한다.

다시 말해서, 수탁자가 자신의 주식이 아니라는 사실을 증명해도 무조건 증여세를 부과한다는 뜻이다. 이는 실질과세원칙이라는 세법의 대원칙에 벗어난 것임에도 불구하고 공정한 조세행정을 위해 무리해서라도 집행하고 있는 강행규정이다. 다만, 명의수탁자에게 증여세를 부과하던 것에서 실질 소유자에게 부과하는 것으로 개정된 것은 다행이다.

세월이 흘러 명의신탁을 했던 주식의 실질 소유자가 이제 다시 본인 명의로 해당 주식을 환원하고자 한다면 어떻게 해야 할까?

오랫동안 결손이 누적된 회사라면 그 주식의 가치가 미미할 것이므로 증여나 매매의 형식으로 환원해도 큰 부담이 없을 수 있다.

그러나 이익의 누적 등으로 주식의 가치가 증가한 경우라면 매매하는 방법으로 환원하려 하면 매매가격이 부담스럽고, 그렇다고 증여나 저가매매를 하면 증여세가 걱정된다.

당사자끼리 합의해서 명의신탁을 해지하면 되지 않을까? 가장 이상적이겠지만 문제는 과세당국의 입장이다. 당사자끼리의 명의신탁해지 합의서를 무한정 인정한다면 실제 양도나 증여거래까지 명의신탁해지의 형식으로 세금을 회피하는 등 조세행정에 혼란이 클 것이다.

이런 이유로 도입된 것이 소위 명의신탁주식 실제소유자 확인제도이다. 중소기업 주식환원의 어려움을 고려하여 과세당국이 보다 더 간편하게 실명을 확인하기 위해 도입한 것으로, 다음의 요건을 모두 충족하여야 한다.

▶ 중소기업일 것

▶ 2001년 7월 23일 이전에 설립되었을 것

▶ 실제소유자와 명의자가 모두 법인설립 당시의 발기인일 것

이런 주식에 해당되면 설립 당시의 금융거래 등으로 명의신탁된 사실을 입증하게 된다. 주의할 점은 신청한 결과가 명의신탁이라는 사실을 확인받지 못한 경우를 미리 대비해야 한다는 점이다. 왜냐하면 신청할 때 제출하는 서류에는 명의수탁자에서 실제소유자로 환원한 서류가 포함되는데 만약 명의신탁사실을 확인받지 못하면, 환원한 거래는 증여가 되어 증여세가 부과될 수 있기 때문이다.

따라서, 실명확인신청을 한 결과를 환원일의 말일부터 3개월 이내에 알 수 있도록 하여야 확인신청이 거부된 경우에도 당초의 환원을 즉시 취소해서 증여세를 피할 수 있으므로 일정관리에 특별히 주의를 기울여야 한다.

이 제도가 부담스럽거나 요건을 충족하지 못한 주식들을 실명전환하려면 현실적으로 주식반환소송을 통한 법원의 판결문 없이는 거의 불가능하다. 과세당국의 입장에서도 당사자 사이의 명의신탁해지 합의서나 정황 서류들만으로 명의신탁사실을 인정하기가 어렵기 때문이다.

한편 명의신탁사실을 인정받았다고 하더라도, 당초의 명의신탁에 따른 증여세마저도 피할 수는 없다. 즉, 명의신탁된 시기가 증여세 제척기간인 15년 이내 (50억 원 이상이면 기간 제한 없음)이면 증여세가 부과되는 것이다. 다만 명의신탁을 할 당시의 주식평가액으로 부과되므로 과세가액이 상대적으로 작은 경우가 많다. 이외에도 그동안 주주의 현황을 사실대로 신고하지 않은 해당 기업에게는 매년 신고불성실가산세(액면가액의 1%)를 부과한다.

다행인 것은 실명으로 환원된 거래에 따라서 50% 이상의 과점주주가 되었다고 하더라도 과점주주의 지분율이 증가하면 적용되는 간주취득세는 부과하지 않는다는 것이다. 실제 주주로 환원되었을 뿐 과점주주의 지분은 사실상 변화가 없다는 이유 때문이다.

 하나 더

수탁자가 사망하게 되어서 명의신탁주식 실제소유자 확인제도나 주식반환소송 등을 진행하지 못했다면 수탁자의 상속세 신고 및 조사과정에서 적극적으로 소명해야 한다.

명의신탁된 경위나 취득자금 및 배당금의 자금흐름 등으로 상속세 조사에서 실제소유자가 확인되는 결정을 받는다면 실명으로 전환하려는 소기의 목적은 충분히 달성할 수 있다.

— Bonus Tip —

자기주식 매매와 관련된 세무이슈

절세노트

비상장회사가 대주주로부터 자기주식을 매입하면 대주주는 양도소득세만 납부하면 된다고 생각할 수 있지만, 그 실질에 따라서 배당소득세가 부과될 수도 있다. 또한 그 매매가액이 세법상의 시가와 다른 경우에는 양도소득세와 법인세 및 증여세도 부과될 수 있다.

심층분석

비상장회사도 자기주식을 취득할 수 있도록 상법이 개정됨에 따라 대주주의 지분을 매입하는 방법으로 회사의 부를 개인 주주에게로 이전하려는 시도가 나타나고 있다. 이 경우에는 주주에게 가급적 많을 부를 이전하고자 하므로 대체로 세법에서 정하는 가격으로 거래하게 된다. 즉, 저가매매 등에 대한 이슈는 적은 편이다.

문제는 주식을 매각한 대주주에게 부과될 세금인데, 이 거래를 주식의 양도로 보아 양도소득세를 부과하는 것이 맞는지 아니면 이 거래가 비록 양도의 형식을 취했지만 사실상 자본의 감소거래이므로 배당소득세를 부과하는 것이 맞는지 여부이다. 배당소득세는 최고 42%의 초과누진세율이 적용되어 10% 내지 20% 의 세율이 적용되는 양도소득세에 비해 불리하므로, 납세자들은 일반적으로 양도소득세가 부과되기를 희망한다.

이에 대해 세무당국은 그 거래의 실질내용에 따라 판단하되, 단순한 주식매매인 경우에는 양도소득에 해당한다고 보지만, 주식소각 및 자본감소 절차의 일환인 경우에는 배당소득에 해당한다고 밝히고 있다.

그렇다면 대주주로부터 자기주식을 매입하는 거래는 단순한 주식매매거래일까? 아니면, 자본감소의 절차로 보아야 할까? 이에 대한 필자의 생각은 이 거래가 단순 주식매매거래가 아닌 자본감소절차의 일환으로 판단될 가능성이 크다는 것이다.

매매거래가 되기 위해서는 비상장회사의 주주가 본인 소유의 주식을 매도하고자 했으나 적당한 매수자를 찾지 못하여, 회사가 임시로 매수한 뒤에 훗날 매수자가 나타나면 재매각하는 경우처럼 회사가 보유한 자기주식에 대하여 매매의사가 충분해야 한다고 본다.

또 회사가 설립될 때 사기충전 목적으로 임직원들에게 주식을 배정한 후에 회사를 퇴사한다면 다시 반납하도록 계약한 경우가 있다. 회사는 퇴사하는 임직원들로부터 일시적으로 주식을 매입했다가 다시 적정한 매수자가 나타나면 재매각할 수도 있으므로 이러한 자기주식은 매매목적의 거래라고 할 수 있다.

사실상 가족기업에 가까운 중소기업 대주주의 지분을 매입한다면 이 거래를 단순한 매매거래로만 보기는 어렵다. 특정 대주주의 자본을 감소시키기 위해 매매의 형식을 취했을 뿐이라고 볼 수 있는 것이다.

일부에서는 재무제표에 계상된 대주주의 가지급금을 해소하는 방법으로 이러한 자기주식거래를 권하기도 한다.

즉, 사실상 가족기업에 가까운 비상장회사가 자기주식을 대주주로부터 매입하고 대주주는 그 매각대금으로 자신의 채무인 가지급금을 회사에 상환하면서 배당소득세가 아닌 양도소득세만 납부하면 된다는 주장이다. 그러나 이러한 주장만 믿고 자기주식 매매거래를 했을 때 자본감소 절차의 일환으로 판단되면 배당소득세가 부과될 수도 있으므로 신중해야 한다.

다만 증여재산공제액 6억 원을 염두에 두고 배우자에게 주식을 증여한 후에 다시 회사가 자기주식으로 매입하는 방법은 배우자의 취득가액을 높여서 양도소득세나 배당소득세 계산에 유리할 수는 있는데, 이 경우에도 증여 후 5년 이내에 매매를 한다면 양도행위부인규정이 적용될 수 있어 가지급금과 주식의 증여 및 매매가 실제 거래임을 납세자가 입증해야 할 수도 있다는 점을 유념해야 한다.

한편 공동출자관계에 있던 일부의 주주가 회사를 떠나려고 한다면, 해당 주주의 비상장주식은 매매가 원활하지 않아서 회사가 대신 매입하는 경우가 종종 있다. 이 경우에는 회사와 해당 주주가 협상하여 매매가격이 정해지게 되는데 세법상의 시가를 벗어났다는 이유로 위의 배당소득세 외에도 추가적인 세무이슈가 있다.

우선, 주식을 저가로 매각한 주주는 특수관계자에게 시가로 매각한 것으로 보아서 양도소득세를 추가로 납부할 수 있으며, 매입한 회사는 법인세를 납부할 수 있다. 시가보다 고가로 매입한 경우라면 부당행위부인규정에 따라서 법인세가 추가될 수도 있다.

더욱 문제가 되는 것은 남아 있는 주주에게 증여세가 부과될 수 있다는 점인데, 예시를 하나 살펴보자.

A 주주와 B 주주가 각각 60 : 40의 비율로 공동출자하고 있던 회사의 세법상 주식평가액은 총 100억 원이라고 하자. 이때, 60%의 지분을 가진 A 주주가 회사를 떠나려고 하자 회사의 경영진은 적극적으로 협상하여 그가 소유한 주식 전부를 10억 원에 매매하기로 하였다.

이렇게 되면, 세법상의 평가액인 60억 원보다 50억 원만큼 저가 매매를 하였으므로 과세당국은 매도자인 A 주주에게는 60억 원에 매각한 것으로 보아 추가적인 양도소득세를 부과하고, 저가 매수를 한 회사에는 차익 50억 원에 해당하는 법인세를 부과한다.

아무것도 안 한 B 주주에게도 증여세가 부과되는데, 왜 그럴까? 회사는 현금 10억 원만 외부로 유출되었으므로 회사의 가치는 이제 90억 원이 되었다. 이때, 이 90억 원의 가치가 모두 B 주주에게 귀속되는 사실이 주목된다. B 주주의 지분가치는 40억 원에서 자기주식거래로 인하여 자연스럽게 90억 원으로 증가하였는데, 과세당국은 이를 A 주주로부터 B 주주가 50억 원만큼을 증여받았다고 보기 때문이다.

위와 같이 양도소득세와 법인세 및 증여세는 모두 하나의 연결선상에 있는데, 모두 시가를 10억 원이 아닌 60억 원으로 보기 때문에 발생하는 문제이다. 따라서 거래 당사자들은 거래가액 10억 원이 세법상 시가에 해당한다는 사실을 적극적으로 소명해야 한다.

위와 같은 세금이슈들은 서로 특수관계가 성립되는 경우에만 해당되는 것이다. 따라서 주식을 더 이상 보유하고 싶지 않거나 회사가 배제하고 싶은 30% 미만 지분율의 주주가 있다면 자기주식과 감자의 방법으로 서로 원하는 결과를 얻을 수도 있다. 즉, 회사와 결별하고자 하는 주주와 협상한 매매가격이 세법상 시가보다 작아도 세무이슈가 없을 수 있다는 것이다.

먼저 법인세를 보면, 1% 이상의 주주는 비록 특수관계자에 해당하나 자기주식을 매입하는 해에 다시 감자를 하면 세무조정대상 유보액이 결국은 없어지므로 과세로 이어지지는 않는다.

양도소득세법상의 특수관계자는 회사와 30% 이상의 지분관계가 있어야 하므로 이 또한 과세로 이어지지 않고, 감자에 따른 증여세도 남아 있는 주주와 서로 특수관계가 성립되는 경우에만 부과되므로 단순 주주관계라면 과세의 여지가 없게 되는 것이다.

한편, 자기주식의 취득은 상법상 자본충실의 원칙에 위배되므로 그 요건과 절차를 엄격히 요구하고 있다. 상법을 위반한 자기주식의 취득은 세법상 업무무관 가지급금에 따른 불이익만 야기할 뿐이므로 주의해야 한다.

🔑 **하나 더**

상속세와증여세법의 적용에 있어서 과세대상거래가 특수관계자 사이에 발생하였는지 여
부에 따라서 그 과세여부가 달라지는 바, 대주주가 운영하는 회사의 임직원이 자신과 특수
관계가 있다는 사실은 일반적으로 인지하고 있지만, 30% 이상 출자관계에 있는 모든 법
인의 임직원도 이에 해당한다는 사실을 간과하는 경우가 종종 있으므로 주의하여야 한다.
특히, 임원은 퇴사 후 3년이 경과하지 아니한 임원까지 포함된다.

— Bonus Tip —

공익법인에 출연한
재산에 대한 상속세

절세노트

공익법인에 상속받은 주식을 출연하는 방법으로 상속세를 피하는 동시에 해당 기업의
지배력도 유지하려는 편법을 막고자 5%(또는 10%, 20%)를 초과하여 출연한 주식에
대해서는 상속세가 부과되는 동시에 엄격한 사후관리제도가 있다.

심층분석

여러 개의 기업과 학교법인을 평생 성실하게 일구어 온 고령의 A 씨는 자신
의 사후에 자녀들이 부담하게 될 상속세를 걱정하던 중, 학교재단 등의 공익법
인에 자신의 주식을 출연하면 상속세를 내지 않아도 된다는 말을 듣고 상속세
를 줄일 묘책을 생각해 냈다.

즉, 자신이 설립하여 사실상 통제하고 있는 학교재단에 자신의 주식 일부를
상속한다면 자녀들의 상속세 부담도 줄이면서 동시에 상속하는 기업들의 경영
권도 학교재단을 통하여 안정적으로 유지할 수 있을 것이라고 생각한 것이다.

이러한 A 씨의 계획은 효과가 있을까?

A 씨의 전략은 어느 정도 효과가 있다고 할 수 있는데 그렇다고 하여 공익법인에 출연하는 주식을 무제한으로 인정한다면 이것이 상속세를 회피하는 수단으로 악용될 수 있으므로 엄격한 비과세 요건과 사후관리규정을 두고 있다.

우선, 재산을 출연하는 대상이 될 수 있는 공익법인은 종교단체나 학교법인 및 의료법인 등으로 제한되어 있다. 국가가 세금을 거두어 직접 지출해야 할 자선사업이나 교육 등의 공익활동을 이런 공익법인들이 대신 수행하고 있는 셈이므로, 이들을 지원하는 취지에서 출연한 상속재산에 대해서는 상속세를 부과하지 않는다.

상속재산 출연은 피상속인 본인이 유언이나 사인증여계약으로 직접 할 수 있다. 또 상속인들이 협의하여 상속세 신고기한까지 출연할 수도 있는데, 이때는 출연된 공익법인 등에 상속인이 이사의 20%를 초과할 수 없다.

재산의 종류는 무엇이라도 상관이 없으나 A 씨처럼 주식을 출연하는 경우, 기업에 대한 지배력을 유지한 채 상속세는 줄일 수 있으므로 이러한 행위를 방지하기 위해 지분율 5%(성실공익법인 등인 경우에는 10%, 의결권 미행사는 20%)를 초과하는 주식에 대해서는 상속세를 부과한다. 또, 출연재산 및 그 재산에서 생기는 이익이 상속인이나 그의 특수관계자에게 귀속될 경우에도 즉시 상속세를 부과한다.

출연받은 공익법인에 대해서는 엄격히 사후관리를 하는데 출연받은 재산을 3년 내에 직접 공익목적에 사용하지 않거나, 특정 계층에만 공익사업 혜택을 제공하는 경우, 또는 공익법인 해산 시에 잔여재산을 국가 등에 귀속시키지 않는 경우 등 공익목적 달성이라는 취지에 벗어날 경우에는 해당 공익법인에 증여세를 부과한다. 이때, 당초의 상속인들에게는 상속세를 부과하지 않는다.

한편 처분이나 관리가 곤란한 부동산 등은 아무리 출연금액에 세무상 제한이 없다고 하더라도, 공익법인에서 오히려 출연받기를 꺼려하는 경우도 있다.

PART
04

FAQ

그동안 상속 · 증여세에 대한 업무를 하면서 자주 다루었던 내용들을 문답형식으로 표현하였다.

세상 다른 일도 마찬가지겠지만, 세법도 해당 분야에 대한 배경지식을 무시한 채 단편적인 문답만을 믿고 진행해 버린다면 낭패를 볼 수도 있다.

여기의 FAQ는 간단한 문답에 불과하므로 상속 · 증여세 본편을 숙독한 후에 보조적으로 활용하되, 실제로 실행에 옮길 때는 조세전문가와 상담하는 것이 좋겠다.

Q1 상속재산이 얼마나 되어야 상속세를 내나요?

일반적으로 배우자가 생존해 있는 경우에는 상속재산이 10억 원 이하, 그 외에는 5억 원 이하라면 상속공제 때문에 납부할 상속세가 없습니다. 따라서 상속재산이 그 이상인 경우에나 상속세 검토가 필요할 것입니다.

손주나 며느리 등 상속인이 아닌 자에게 유증한 것이 있거나, 상속인에게 생전 10년(상속인이 아닌 자에게는 5년) 이내에 증여한 재산이 있는 경우에는 상속공제의 한도가 줄어들어서 상속세를 납부할 수도 있습니다.

예를 들어, 배우자가 생존해 있는 경우에 총 상속재산이 9억 원이라면 일반적으로 배우자상속공제를 포함하여 총 10억 원까지 상속공제가 가능하므로 상속세를 납부할 필요가 없습니다. 하지만 그 상속재산 중 5억 원에 해당하는 상속재산을 손자에게 유증한 경우에는, 상속공제한도가 약 4억 원(= 상속재산 9억 원 − 유증재산 5억 원)으로 줄어들어 약 5억 원(= 상속재산 9억 원 − 상속공제 약 4억 원)에 대해서는 상속세를 납부해야 하는 것입니다.

Q2 부모님 소유의 아파트를 아들이 매입한다면 그 매매가격을 얼마로 해야 하나요?

부모님으로부터 아파트를 구입하는 신고를 하면 기본적으로 양도가 아닌 증여로 추정될 수 있으나, 실제로 매매한 사실이 금융거래 등으로 증명된다면 매매거래로 인정됩니다. 그 매매가액이 시가에 비해 현저하게 저가 또는 고가이면 증여세가 부과됩니다(시가와 매매가액의 차액에서 시가의 30%에 상당하는 가액과 3억 원 중 적은 금액을 차감한 가액을 증여재산가액으로 하여 증여세를 과세함). 예를 들어, 시가 10억 원인 아파트를 아버지로부터 아들이 매입할 때 그 매매가격이 7억 원 이하이면 아들이 수증자가 되고, 13억 원 이상이면 아버지가 수증자가 되는 것입니다.

특수관계자가 서로 아파트를 매매하면서 시가보다 고가로 매입하거나 저가로 매각하면 양도소득세법상의 부당행위부인규정(매매가격과 시가와의 차이가 시가의 5% 이상이거나 3억 원 이상인 경우에만 적용함)에 따라 시가에 의한 양도소득세가 부과될 수도 있음을 함께 고려하여야 합니다.

양도소득세 비과세 대상일 때는 증여세 과세범위만 고려하면 되겠지만 그렇지 않다면, 매매가액이 9억 5천만 원과 10억 5천만 원 사이에서 결정되어야 증여세와 양도소득세를 모두 피할 수 있습니다.

Q3 부모님으로부터 돈을 빌리면 증여세를 내나요?

　직계존비속 간의 금전소비대차는 인정되지 않고 일단은 증여로 추정하게 됩니다. 다만, 돈을 빌린 사실이 객관적으로 확인된다면 증여세를 부과하지 않는데 금융거래를 통한 원리금의 상환, 담보의 설정, 공증된 금전소비대차 계약서 등이 그 예가 될 수 있습니다.

　한편, 세법에서 정한 적정이자율보다 낮은 이자율로 차입한 이익이 1년간 1천만 원 이상인 경우에는 증여세를 부과합니다. 또, 이자를 수령한 사람은 소득세를 납부할 의무가 있고 이자를 지급하는 사람은 원천징수의 의무가 있습니다.

Q4 다른 사람의 명의로 예금을 가입하면 증여세가 부과되나요?

자녀나 부모님 등 다른 사람 명의로 예금을 가입하면 일단 그 명의자에게 증여한 것으로 추정합니다. 따라서, 실질적으로 증여하지 않고 명의만 빌린 것이라는 사실을 자금흐름 등을 바탕으로 납세자가 증명해야만 합니다. 그런데 현실적으로는 차명예금이라는 사실을 입증하는 것이 쉽지 않고 설령 차명예금이라는 사실을 증명하였다고 하더라도 금융실명법에 따른 벌금 등을 물어야 할 수도 있습니다.

참고로 과거에는 차명예금에 대해 예금의 명의자가 예금을 인출하는 시점에 증여로 보았으나, 세법의 개정으로 차명으로 예금에 가입하는 시점에 증여된 것으로 추정합니다.

Q5 결혼 전까지 자녀의 월급을 부모 명의 계좌로 입금하고 자녀는 일정액의 용돈을 받았습니다. 자녀가 결혼할 때 부모가 이 돈을 목돈으로 다시 준다면 증여세를 내야 하나요?

결혼할 때 부모가 자녀에게 송금하는 목돈은 증여세 과세대상이지만, 그 자금의 원천이 본래 자녀의 월급이며 부모가 대신 관리하다가 환원한 경우에는 증여세가 부과되지 않습니다(다만, '금융실명거래및비밀보장에관한법률'에 따른 벌금 등의 불이익 가능성이 있습니다). 이때 부모가 자녀의 월급을 대신 관리했다는 사실을 소명하기 위해서는, 별도의 예금계좌로써 본인의 자금과 엄격히 구분해서 관리하는 것이 좋습니다.

Q6 사망한 배우자로부터 10년 이내에 증여받았던 6억 원에 대해서도 상속세를 내나요?

증여재산공제 6억 원 이하의 증여재산이어서 증여세가 부과되지 아니하였다고 하더라도 상속개시일 전 10년 이내의 것이라면 다시 상속재산에 가산하게 되므로 결국은 상속세를 납부하게 됩니다. 다만, 사전증여재산과 본래의 상속재산의 합계액이 상속공제 합계액보다 작은 경우에는 추가로 납부할 상속세가 계산되지 않습니다.

 Q7 배우자에게 주택지분의 일부를 증여하면 어떤 이점이 있나요?

주택지분의 일부를 배우자에게 증여한다면 증여재산공제액 6억 원까지는 증여세를 부과하지 않고, 사망으로 인하여 상속이 이뤄지더라도 상속재산이 분산되어 낮은 상속세율이 적용될 수 있습니다. 또 부부가 공동으로 거주하고 있다면 1세대 1주택 요건은 계속 유지되며, 만약 양도소득세를 납부하게 되더라도 개인별로 과세하므로 낮은 세율이 적용되기도 하고, 오래 전에 취득했던 주택이라면 증여세 과세가액이 새로운 배우자의 새로운 취득가액이 되어서 양도차익이 작아지는 효과도 있습니다.

이 외에도 종합부동산세는 세대별이 아닌 개인별로 부과되므로 과세대상에서 제외될 수도 있습니다. 다만, 배우자에게 증여하는 과정에서 취득세를 새롭게 부담해야 한다는 단점이 있습니다.

Q8 부모님으로부터 아파트를 물려받고 매달 생활비를 드린 경우에도 증여세를 내야 하나요?

생계부양이 필요한 부모님께 생활비를 드리는 경우에는 증여세가 부과되지는 않습니다. 그런데 아파트를 받은 거래에 대해서는 증여세가 부과되는데, 이 경우에 증여세 계산 시 부모님께 드리는 생활비는 부채로 차감되지 않습니다. 즉, 서로 대가관계가 없는 별개의 행위로 보는 것입니다.

그러나 부모님으로부터 아파트를 증여받을 때 일정액의 생활비를 지급하기로 계약했다면, 부모님이 자녀에게 향후에 받기로 한 생활비를 대가로 아파트를 양도한 것으로 봅니다. 따라서, 자녀에게 증여세를 부과하는 것이 아니라 부모님께 양도소득세를 부과하게 됩니다. 이때 해당 아파트가 1세대 1주택 비과세요건에 해당한다면 양도소득세가 부과되지 않을 것이며, 양도대가가 지나치게 저가 또는 고가라면 증여세가 부과될 수 있습니다.

한편 양도거래로 인정받기 위해서는 아파트를 물려받은 대가로 생활비를 지급한다는 사실을 대외적으로 증명해야 하는데, 이를 위해서는 관련 계약서를 공증받고 이 계약에 따른 금액을 정확하게 금융거래하는 것이 좋습니다.

Q9 이혼할 때의 위자료나 재산분할도 증여세를 내나요?

부부가 이혼하면서 받는 위자료는 정신적 또는 물질적 손해에 대한 보상이므로 증여세를 부과하지 않습니다. 민법상의 재산분할청구권을 행사하여 취득한 재산에 대해서도 공동으로 이룩한 재산을 분할하는 것일 뿐 유상으로 부를 이전하는 것은 아니므로, 이 또한 증여세를 부과하지 않습니다.

이전되는 것이 금전이 아니라 부동산이라면 세금을 고려해야 합니다. 위자료의 명분으로 이전하는 사람에게는 양도소득세가 발생하나, 받는 사람이 나중에 재매각할 때는 이혼시점의 가격이 취득가액이 되므로 양도소득세가 작아집니다.

반대로 재산분할의 명분으로 이전되는 부동산이라면 이혼시점에는 양도소득세가 부과되지 않으나 받는 사람이 나중에 재매각할 때는 이혼시점이 아닌 당초에 취득한 금액이 취득가액이 되므로 받는 사람의 향후 양도소득세가 커지게 됩니다.

결국 이혼 전에 실제로 매입했던 금액과 이혼시점 평가액의 차이에 해당하는 양도소득세를 누가 부담하느냐의 문제인데, 비과세가 되거나 양도차익이 적은 부동산을 이전할 때, 또는 이전할 부동산의 평가액이 6억 원 미만인 경우라면 차라리 이혼 전에 증여하는 것이 서로 상충되는 세금문제를 어느 정도 해결할 수는 있습니다.

Q10 혼인신고를 하지 않고 동거한 배우자에 대해서도 배우자공
제가 가능한가요?

상속증여세법은 사실혼 관계는 인정하지 않습니다. 반드시 혼인신고를
하여 공부에 의해 가족관계가 증명되는 배우자에 대해서만 배우자공제를 적
용하고 있습니다. 증여재산공제를 포함하여 상속증여세법상의 배우자란 반
드시 주민등록상의 배우자를 의미합니다.

Q11 증여했던 재산을 다시 돌려받은 경우에도 증여세를 내나요?

증여를 했다가 사정이 변하여 당초의 증여를 취소하거나 다시 증여받을
경우, 증여세 신고기한 이내라면 당초의 증여나 돌려받는 것 모두에 대해
증여세를 내지 않습니다.

그러나 증여세 신고기한으로부터 3개월 이내에 돌려받을 경우에는, 당초
의 증여에 대해서는 증여세를 내야 하고 다시 돌려받는 것에 대해서만 증여
세를 내지 않습니다. 또 증여세 신고기한으로부터 3개월이 지난 후에 돌려
받을 경우에는, 당초 증여는 물론이고 돌려받은 거래에 대해서도 모두 증여
세를 내야 합니다.

다만, 금전의 경우에는 기간에 관계없이 모든 거래를 각각 증여로 보는
것이 기본이므로 잠시 차입하거나 전달한 거래와 구분될 수 있도록 적극적
으로 소명하는 일이 중요합니다.

Q12 증여자도 연대납세의무가 있나요?

증여를 받은 수증자가 증여세를 납부하지 아니하면 증여자에게 연대납세
의무가 있습니다. 다만, 저가·고가양도에 따른 이익이나 채무면제에 따른
이익, 부동산무상사용이익, 증자·감자 등에 따른 이익 및 일감 몰아주기에
따른 이익 등 본래의 증여가 아닌 조세형평 등을 이유로 과세하는 거래까지
연대납세의무를 지우는 것은 지나치다는 이유로 제외하고 있습니다.

Q13 결혼할 때 받은 혼수품도 증여세를 내야 하나요?

혼수용품으로서 사회통념상 통상 필요하다고 인정되는 정도의 금품에는
증여세가 부과되지 않습니다. 다만 일상생활에 필요한 가사용품에 한하며,
호화·사치용품이나 주택 및 차량 등은 포함되지 않는 것으로 일반적으로
해석되고 있습니다.

Q14 전업주부가 생활비를 모아서 취득한 재산에 대해서도 증여 세를 내야 하나요?

전업주부가 남편으로부터 받은 생활비에 대해서는 증여세를 부과하지 않습니다. 다만, 수령한 생활비의 일부가 전업주부의 금융자산이나 부동산 등의 취득에 사용되었다면 그 금액만큼은 증여된 금액으로 보는 것입니다. 만약 투병 중인 남편을 대신해서 생활비와 병원비에 충당할 목적으로 사용 편의상 1억 원을 부인의 계좌로 잠시 이체해서 사용하던 중, 남편의 사망시점에 3천만 원이 남았다면 그 3천만 원 또한 증여재산으로 보게 됩니다.

 Q15 자녀의 채무를 부모가 인수하거나 대신 변제한 경우에도 증여세를 내나요?

자녀의 채무를 부모가 인수하거나 대신 변제하게 되면 부모에게는 자녀에 대한 구상권이 다시 생기는데, 부모가 이 구상권을 포기하면 자녀에게는 채무면제이익이 생겨서 증여세가 부과됩니다.

그런데 세법은 채무자에게 상환능력이 없다고 인정되어서 채무가 면제된 경우까지 증여세를 부과하는 것은 너무 가혹하다는 견지에 따라, 자녀의 증여세와 부모의 연대납세의무를 모두 면제하고 있습니다.

다만 구상권을 포기한 시점에 자녀의 채무상환능력이 없었다는 입증을 납세자가 해야 하므로 채무를 부모가 대신 상환하게 된 내용과 자녀의 재정 상태를 알 수 있는 서류 등이 중요합니다.

Q16 아버지로부터 부동산을 저가로 매입하여 증여세를 납부한 아들이 해당 부동산을 다시 양도할 때의 취득원가는 얼마인 가요?

저가양수를 이유로 증여세를 부과받은 자산을 다시 양도할 경우에 해당 자산의 취득원가는 아버지와 아들의 실제 매매가액에 증여세 부과대상이 된 증여세 과세가액을 가산한 금액이 됩니다.

예를 들어, 시가 5억 원인 아파트를 아버지로부터 1억 원에 매입한 아들 이 이 아파트를 다시 타인에게 매각할 때는 아들의 실제 취득원가 1억 원에 증여세 과세가액 2억 5천만 원을 가산한 3억 5천만 원을 취득원가로 보아서 양도소득세를 부과하게 되는 것입니다. 이때, 증여세 과세가액 2억 5천만 원은 시가 5억 원과 실제 매매가액 1억 원의 차액인 4억 원에서 시가의 30% 와 3억 원 중 작은 것을 차감하여 산정한 것입니다.

Q17 계부나 계모로부터 증여받은 경우에도 증여재산공제가 적용되나요?

직계존속으로부터 증여받는 경우에는 성인 자녀의 경우 10년간 5천만 원의 증여공제가 가능한데, 직계존속과 혼인 중에 있는 배우자도 포함되므로 계부나 계모로부터 증여받는 경우에도 동일한 금액의 증여재산공제가 가능합니다.

직계존속이 사망한다면 그 계부나 계모는 더 이상 직계존속과 혼인 중에 있는 배우자가 아닌 친인척에 해당하므로 증여재산공제는 10년간 1천만 원이 적용됩니다.

Q18 부모님 소유의 주택에 무상으로 거주해도 증여세를 내나요?

주택을 포함하여 부모님 소유의 부동산을 무상이나 저가로 사용하면 그 사용이익에 대하여 증여세를 부과하게 됩니다. 다만, 부모님 소유의 주택에 부모님과 함께 거주하는 경우에는 예외로 하고 있는데, 동거하는 자녀는 부모님을 부양하는 것이 일반적이므로 증여세 부과의 실익이 없다고 보기 때문입니다.

임대소득을 부동산 금액비율과 다른 비율로 분배해도 되나요?

토지주와 건물주가 서로 출자하여 부동산 임대업을 영위하는 경우에 그 손익분배비율은 각자가 출자한 토지와 건물의 가액에 따라야 하며, 부동산 전체를 지분비율에 따라 공유하는 경우에도 각자의 부동산평가액의 비율로 임대소득을 나누어야 합니다. 만약 이와 다르게 임대소득을 분배한다면 증여세가 부과됩니다.

 고가매매에 따른 증여세를 납부한 경우에 당초에 과다 납부한 양도소득세는 환급받을 수 있나요?

특수관계에 있는 사람들이 시가보다 낮은 가격으로 서로 매매하면 증여세 외에도 시가를 적용한 양도소득세를 부과하는데, 반대로 시가보다 높은 가격으로 매매한 경우에는 시가를 초과하는 매매가격에 대하여 매도자에게 증여세를 부과하게 되므로 이때는 당초의 매매가액을 부인함에 따라 양도소득세가 과다하게 납부된 결과가 됩니다. 따라서, 당초에 과다하게 납부한 양도소득세는 환급받을 수 있습니다.

Q21 부모님과 조부모님으로부터 각각 증여받았는데 증여재산공제는 얼마를 적용하나요?

직계존속으로부터 각각 증여를 받았더라도 증여재산공제는 직계존속 전체를 하나로 보아서 적용합니다. 예를 들어, 성인 자녀가 부모님과 조부모님 및 외조부모님으로부터 각각 1억 원씩 총 6억 원을 10년 동안 증여받았다면 증여재산공제를 5천만 원만 적용하여 나머지 5억 5천만 원에 대해서 증여세를 부과하는 것입니다.

 Q22 이혼이나 사별한 부모님으로부터 받았던 증여재산도 합산해야 되나요?

동일인으로부터 10년 동안 받은 증여재산을 합산함에 있어서 그 배우자도 동일인으로 보지만, 이는 혼인관계를 전제로 하는 것입니다. 따라서 직계존속의 배우자가 이혼이나 사별한 경우에는 합산되지 않습니다. 또한 재혼한 가정의 경우에 계자녀와 계부모는 민법상 직계존비속이 아닌 인척관계이므로, 계모나 계부는 동일인에 포함되지 않습니다.

증여재산을 반환하라는 판결에 따라 반환하여도 증여세가 부과되나요?

판결의 내용이 당초의 증여를 무효로 하는 것이라면 반환하는 거래에 대해서도 증여세가 부과되지 않지만, 당초의 증여재산을 단순히 반환하라는 판결이라면 당초의 증여와 반환거래에 대해서 모두 증여세가 부과됩니다. 효도약속 등의 위반에 따른 판결이 당초의 증여를 무효로 하는 것인지 아니면 반환하는 것인지에 따라 달라집니다.

 상장주식을 증여받고 즉시 신고하면 신고일까지의 종가평균가액으로만 평가하나요?

부동산 등에 대한 매매사례가액 등의 적용은 평가기준일 전 6개월부터 기준일 후 3개월(상속은 6개월) 기간보다 먼저 신고를 하면 그 신고일까지의 매매사례가액 등만 반영되지만, 상장주식은 반드시 평가기준일 전후 2개월의 종가평균가액을 모두 적용해야 합니다. 따라서, 증여받은 날로부터 2개월이 지나기도 전에 먼저 종가평균가액으로 신고했다면 2개월이 지나고 나서 증여세 신고기한이 경과하기 전에 다시 수정신고 등을 해야 하는 것입니다.

감정평가액이 기준시가보다 작아도 인정되나요?

대개는 감정평가액이 기준시가보다 크지만, 만약 감정평가한 결과가 기준시가보다 작아도 세법상 시가로 인정됩니다. 다만, 그 감정평가액이 기준시가의 90%에 미달하는 경우에는 세무서장이 다른 감정기관에 의뢰한 감정가액으로 하되, 그 가액이 납세자가 제시했던 것보다 작을 때는 납세자가 제시한 감정가액으로 하는 것입니다.

 특별조치법에 따라 이미 사망한 사람으로부터 소유권 이전 등기를 받은 부동산은 상속세를 내나요?

'부동산소유권이전등기등에관한특별조치법'에 따라 이미 사망한 사람의 소유로 되어 있던 부동산을 이전등기한 경우에는 그 실질에 따라서 판단합니다. 즉, 이전등기를 받은 사람이 당초 소유자의 상속인이라면 사망시점에 상속받은 것으로 보아 상속세를 납부하고, 당초 소유자의 상속인이 아니라면 소유권 이전등기일에 상속인으로부터 증여받은 것으로 보아 증여세를 납부해야 하는 것입니다. 다만 제척기간이 경과했다면 상속세 등의 납세의무도 없어지게 됩니다.

피상속인의 소득세에 추가된 가산세도 공과금으로 차감되나요?

상속재산에서 차감되는 공과금은 피상속인이 납부할 의무가 있는 모든 공과금을 의미하므로 소득세나 부가가치세 등에 추가된 가산세도 포함되나, 상속개시일 이후부터 계산되는 납부불성실가산세는 상속인의 책임이므로 제외됩니다. 반면에 가산된 사전증여재산에 해당하는 증여세의 납부세액공제액은 가산세를 제외한 것으로 합니다.

 피상속인이 상속인을 위하여 보증한 채무도 상속재산에서 공제할 수 있나요?

피상속인의 보증채무는 상속재산에서 공제할 수 없지만, 상속인이 자력이 없어서 확정된 채무라면 구상권 행사가능 금액을 차감한 금액을 상속채무로 하여 공제하게 됩니다.

예를 들어 상속재산이 100억 원인 상황에서 확정된 보증채무가 30억 원이라면 이 금액 자체가 상속채무가 되는 것이 아니라 상속재산 중 해당 상속인에게 구상권을 행사할 수 있는 금액 즉, 해당 상속인의 상속분(예컨대 20억 원)을 차감한 10억 원이 상속재산에서 차감될 채무가 되는 것입니다.

한편, 상속재산으로 상계된 채무 20억 원 외에 나머지 10억 원은 다른 공동상속인들이 해당 상속인을 대신해서 상환한 결과이므로 채무면제이익에 따른 증여세가 부과되나 납부할 능력이 없다고 인정되면 면제될 수는 있습니다.

Q29 손자가 증여받은 재산이 상속재산에 포함되었다면 손자도 상속세 납부의무가 있나요?

상속세는 상속인이나 수유자(유증이나 사인증여를 받은 자) 각자가 받은 상속재산의 비율에 따라 납부할 의무가 있고, 각자가 받은 상속재산을 한도로 연대납세의무가 있습니다.

따라서, 생전에 증여받은 증여재산만 있는 상속인 이외의 자(손자, 사위, 며느리 등)에게는 상속세 납부의무 및 연대납세의무가 없습니다. 결국 손자의 사전증여재산이 상속재산에 합산됨에 따라 발생하는 상속세는 상속인들이 납부하는 결과가 됩니다. 극단적인 경우를 보면, 첩에게 사전증여된 재산에 대한 상속세는 본처를 포함한 상속인들이 납부하게 됩니다.

Q30 손자가 수익자인 보험금을 상속받으면 불이익이 있나요?

손주나 사위 및 며느리 등은 상속인이 아니므로 이들을 수익자로 한 보험금을 받게 되면 유증받은 것이 되므로 상속공제 종합한도가 줄어들게 됩니다. 협의분할을 통해서 보험금 수령인을 손주 등에서 상속인으로 변경한다고 하더라도, 새로운 증여세만을 발생시킬 뿐이라는 것이 최근 과세당국의 입장입니다.

협의분할에 따라 배우자가 단독으로 상속받을 경우에도 일괄공제 5억 원을 적용받을 수 있나요?

협의분할이나 다른 상속인들의 상속포기로 인해 피상속인의 배우자가 모든 상속재산을 물려받을 경우에는 일괄공제 5억 원의 적용도 가능합니다.

그러나 다른 상속인이 없어 배우자만이 법정 상속인이 되는 경우에는 기초공제 2억 원과 기타인적공제만 가능합니다.

 상속인들이 상속재산을 기부하면 상속세를 피할 수 있나요?

국가·지방자치단체나 공공단체 및 공익법인 등에 상속재산을 피상속인이 유증할 수도 있지만, 상속인들이 직접 증여하거나 출연하는 경우에도 상속세를 부과하지 않으므로 상속개시일 후에 상속인들이 뜻을 모을 수 있습니다. 다만, 이렇게 증여되거나 출연된 상속재산에 대해서 금융재산상속공제는 적용되지 않습니다.

Q33 추정상속재산 소명에서 현금 보유분으로 소명해도 되나요?

예금 인출액 등에 대한 추정상속재산 조사에서 현금으로 보유하였다고 하면서 실재 현금을 제시해도 그 객관적인 사용처가 입증된 것으로 인정되지 않습니다. 예금 인출액과 제시된 현금이 동일한 것인지 여부를 알 수 없다는 취지라고 할 수 있습니다.

Q34 타인 명의의 재산도 금융재산상속공제를 적용할 수 있나요?

비상장주식을 포함한 예금 등 금융재산을 타인 명의로 보유하더라도 피상속인의 재산임이 확인된다면 금융재산상속공제를 적용할 수 있습니다. 다만, 상속세 신고기한까지 자진신고한 경우에만 적용되므로 세무조사 후에 발견되는 타인 명의의 금융재산에 대해서는 적용되지 않습니다.

Q35 피상속인과 공유하던 주택을 상속받아도 동거주택상속공제가 가능한가요?

동거주택상속공제는 10년 동안 1세대 1주택을 유지하면서 피상속인과 동거한 무주택의 직계비속이 상속받는 주택에 적용하는 것인데, 피상속인과 상속주택을 공유하던 상속인은 상속개시일 현재 무주택자가 아니므로 동거주택상속공제가 적용되지 않습니다.

주민등록과 달리 피상속인과 실제 동거하였다면 동거주택 상속공제를 적용할 수 있나요?

피상속인과의 동거 여부는 사실에 따라 판단합니다. 다만, 주민등록상의 주소지가 일단 거주지로 추정되므로 실제 거주한 곳과 다를 경우에는 납세자가 그 사실을 입증해야 합니다. 이를 위해서는 관리비 납부영수증, 입주자 주차카드, 교통카드 사용내역, 신용카드 청구주소 등을 활용하게 됩니다.

 배우자상속공제를 적용할 때 추정상속재산에 대한 배우자의 법정 상속분도 배우자의 상속재산으로 보나요?

상속개시 전 2년 이내 재산의 매각 등으로 추정상속재산에 포함된 재산은 배우자상속공제를 적용할 때, 배우자가 실제 상속받은 재산에는 제외되나 배우자의 법정상속분 한도계산에는 포함됩니다. 따라서, 추정상속재산은 배우자상속공제한도를 증가시킬 수 있습니다.

 배우자가 상속을 포기한 경우에도 배우자상속공제 적용이 가능하나요?

배우자가 상속을 포기하더라도 생존해 있기만 하면 배우자상속공제는 적용되므로 최소 금액인 5억 원을 공제합니다. 다만, 선순위 상속인의 상속포기로 인하여 후순위 상속인이 상속받는 재산가액은 상속공제한도에서 차감되어 전체 상속세 부담이 증가될 수도 있다는 점에 유의하여야 합니다.

Q39 상속세 신고를 하지 않은 경우에도 배우자상속공제 적용이 가능한가요?

상속세 신고기한으로부터 6개월(법정분할기한) 이내에 배우자의 상속재산을 분할하고 등기나 명의개서 등을 하였다면, 비록 상속세 신고를 하지 않았다고 하더라도 배우자상속공제는 최고 30억 원까지 적용이 가능합니다. 배우자상속공제를 적용하여 납부할 세액이 없는 경우에는 상속세 신고를 하지 않더라도 가산세의 불이익은 없는 것입니다. 다만, 법정분할기한 이내에 등기나 명의개서 등을 하지 않는 경우에는 배우자가 실제로 상속받은 재산이 없는 것으로 보아 배우자상속공제 최소금액인 5억 원만 적용됩니다.

Q40 상속인이 장애인인 경우에는 어떤 혜택이 있나요?

장애인이 증여받는 5억 원 이하의 신탁재산이나 연간 4천만 원 이하의 보험금에 대해서는 증여세를 부과하지 않지만 상속받는 재산에 대해서는 이러한 규정들이 적용되지 않습니다.

다만, 기대여명에 달하기까지의 연수에 1천만 원을 곱하여 계산한 금액을 상속세 과세가액에서 공제할 수 있는 장애인공제가 있습니다. 그러나 이 규정도 일괄공제 5억 원을 적용받는 경우에는 해당되지 않습니다.

Q41 상속세를 신고한 후에 다른 상속재산이 있다는 사실을 알았다면 어떻게 해야 하나요?

상속재산이 누락된 사실을 알게 된 경우에는 수정신고를 해야 하며 세법에서 가산세를 감면해 주도록 정한 후발적 사유에 해당하지 않으므로 신고기한이 경과함에 따른 가산세도 납부하게 합니다. 한편, 누락된 상속재산은 상속개시 후 최초로 분할하는 것이므로 협의분할이 가능하며 이때, 공동상속인 상호 간에 증여세 문제는 발생하지 않습니다.

Q42 특정 상속인을 수익자로 하는 보험금을 협의분할에 의하여 다른 상속인에게 분할하면 증여세를 내나요?

상속인을 수익자로 하는 보험금은 그 상속인의 고유재산이지만, 세법상으로는 과세형평 때문에 상속재산으로 보아서 상속세를 부과하게 됩니다. 다소 혼선은 있지만, 과세당국은 보험금을 협의분할의 대상으로 보지 않고 있어서, 지정 수익자가 아닌 사람에게 협의분할이 되면 증여세를 부과한다는 것이 최근의 입장입니다.

Q43 사망 직전에 예금을 상속인 명의로 변경하는 경우에도 세금을 내야 하나요?

사망 직전에 예금을 상속인 명의로 변경하는 것은 생전에 증여한 것으로 보아서 증여세가 부과됩니다. 또한 사망 전 10년 이내에 상속인에게 증여한 재산은 상속공제의 한도를 줄이기 때문에 상속세를 증가시킬 수 있으며, 극단적인 경우에는 생전증여가 없었더라면 납부할 필요가 없었던 상속임에도 상속세를 불필요하게 납부하게 되는 경우도 발생합니다.

Q44 상속을 포기한 사람도 상속세를 내나요?

상속을 포기한 상속인이라고 하더라도 상속재산으로 보는 보험금을 수령하였거나 상속재산에 가산한 사전증여재산이 있다면, 해당 재산가액에 상당하는 상속세를 납부하여야 하며, 해당 재산가액을 한도로 다른 공동상속인들의 상속세에 대해서도 연대납세의무를 부담해야 합니다.

예를 들어 사전증여재산에 대하여 20%의 증여세를 납부하였지만 상속재산에 합산한 결과 50%의 세율이 적용된다면, 추가되는 30%에 상당하는 상속세를 한 번 더 납부하면서 상속세 연대납세의무도 져야 합니다.

Q45 피상속인이 체납한 세금이 상속재산보다 많은 경우에도 체납세금 전액을 상속인이 납부해야 하나요?

상속포기를 신청하지 않았다면 피상속인의 다른 채무에 대해서 상속인은 모두 부담하여야 하지만, 피상속인에게 부과된 세금 즉, 국세와 가산금 및 체납처분비는 상속인이 상속받은 재산을 한도로 연대하여 납부할 책임이 있습니다.

또 피상속인이 상속인을 수익자로 하는 보험계약을 체결하고 상속인은 상속을 포기한 경우에도 상속포기자가 해당 보험금을 받는 때에는 그 상속포기자를 상속인으로 보고, 보험금은 상속받은 재산으로 보기 때문에 역시 피상속인에게 부과된 세금을 납부할 책임이 있습니다.

 Q46 유류분반환청구소송을 통하여 받는 상속재산에 대해서도 증여세를 내야 하나요?

유류분반환청구소송을 통하여 상속받은 재산은 처음부터 피상속인으로부터 직접 상속받은 것으로 보므로 증여세를 다시 낼 필요는 없습니다. 다만, 상속재산이 당초의 신고내용과 달리 분할되어 상속세가 변경되는 경우에는 확정판결일로부터 6개월 이내에 수정신고를 하면 됩니다.

추가로 납부할 세액이 있다면 신고불성실가산세는 부과되지 않으나 납부불성실가산세는 내야 합니다.

유류분을 반환받을 때, 당초의 상속재산이 아닌 다른 재산이나 현금으로 반환받아도 되나요?

유류분에 해당하는 현금으로 반환받는 경우에는 상속재산을 피상속인으로부터 직접 상속받은 후에, 다시 유류분을 반환한 자에게 매각한 것으로 봅니다. 따라서 유류분을 반환받은 사람은 유류분에 해당하는 상속세는 물론이고, 상속재산의 매각에 따른 양도소득세도 납부하여야 합니다.

 유류분 반환에 따라 공동상속인들 사이의 상속재산이 변경되면 이미 납부한 상속세는 어떻게 정산해야 하나요?

유류분 반환에 따라 공동상속인들이 받는 상속재산이 변경될 경우에 과세관청이 과다납부한 상속인들에게 상속세를 환급하거나 과소납부한 상속인들에게 다시 상속세를 부과하지는 않습니다. 공동상속인들은 받은 상속재산을 한도로 연대납세의무가 있기 때문입니다. 따라서, 과다납부한 상속인은 과소납부한 상속인에게 민법상의 구상권을 행사하는 방법으로 정산해야 할 것입니다.

Q49 상속세가 체납되어 공동상속재산이 압류된 경우에 특정 상속인만의 상속세를 납부하고 압류해제할 수 있나요?

　상속세는 공동상속인들이 각자 상속받은 재산의 비율에 따라 납부할 의무가 있음과 동시에 각자가 받은 상속재산을 한도로 연대납세의무가 있습니다. 따라서, 어느 한 상속인이 자신의 상속세만 납부하였다고 해서 그에 해당하는 상속지분만 압류가 해제되는 것은 아닙니다.

 Q50 상속세 신고기한 이내에 상속받은 부동산을 매각하여 매각대금을 당초 분할비율과 달리 재분할한다면 증가된 상속지분에 대하여 증여세가 부과되나요?

　상속세 신고기한 이내에는 상속지분이나 그 종류에 대한 변경이 가능합니다. 따라서 상속재산에 포함된 부동산을 매각하여 현금으로 분할하는 것도 가능하며, 당초의 분할비율이 변경되어 특정 상속인의 상속비율이 증가하더라도 증여세를 부과하지 않습니다.

Q51 이미 협의분할된 상속등기를 신고기한 내에 다시 변경하면 세금이 부과되나요?

상속세 신고기한이 경과하기 전까지는 등기되었던 상속재산을 다시 변경 등기하더라도 변경된 내용에 대하여 증여세를 부과하지는 않습니다. 또한, 취득세 신고기한 이내에 이루어지는 변경등기에 대한 취득세도 한 번 더 부과하지 않습니다. 처음 겪는 협의분할을 보정할 수 있는 기회를 준다는 취지입니다.

 Q52 상속세 신고기한까지 협의분할이 이루어지지 아니하여 법정비율로 신고한 후에 실제로는 이와 다르게 협의분할된 경우에는 증여세가 부과되나요?

상속세 신고기한까지 분할비율이 정해지지 않아 일단 민법상의 상속비율로 상속세를 신고하고서 훗날 이 비율과 다르게 협의분할되었다고 하더라도 변경된 상속비율에 대하여 증여세가 부과되지는 않습니다. 만약 최초의 상속등기가 아니라, 일단 상속등기가 한 번 이루어지고 상속세 신고기한을 경과한 후에 분할비율이 변경되는 경우라면 증가된 부분에 대해서는 증여세가 부과됩니다.

Q53 상속세가 비과세된 금양임야를 양도하면 불이익이 있나요?

금양임야에 대한 사후관리는 없습니다. 따라서, 상속 후에 금양임야를 매
각하거나 분묘를 이장한다고 해서 상속세 등이 다시 추징되지는 않습니다.
또 금양임야는 비록 상속세가 부과되지 않았지만, 양도소득세 산정을 위한
취득가액은 피상속인의 당초 취득가액이 아니라 상속인들의 상속 시 평가액
이 되므로 양도소득세 계산에도 유리합니다.

Q54 상속재산을 매각할 때 보유기간은 언제부터 기산되나요?

양도소득세 계산은 보유기간에 따라서 세율적용과 장기보유 특별공제액
이 달라지게 됩니다. 상속받은 재산을 양도할 때, 장기보유 특별공제액 산
정을 위해서는 상속개시일부터 보유기간을 따지지만 세율적용을 위해서는
피상속인이 당초에 취득했던 날부터 기산을 합니다. 따라서 상속개시일로부
터 1년 이내에 매각한다고 해서 50%의 양도소득세율을 적용하는 것은 아닙
니다. 한편, 1세대 1주택 비과세 요건을 판단할 때 동일세대원이었다면 상
속인과 피상속인의 보유기간을 합산합니다.

상속재산이 바뀌어도 단기 재상속에 대한 세액공제를 적용받을 수 있나요?

이미 한 번 개시되었던 상속재산이 10년 이내의 단기에 재상속이 되는 경우에 적용하는 세액공제는 당초의 상속재산이 다른 형태의 재산으로 변경된 경우에도 적용됩니다.

예를 들어 아버지가 돌아가시면서 어머니가 상속받은 아파트를 매각하여 예금상품에 가입한 상태에서 어머니가 돌아가셨다면, 이 예금을 상속받은 자녀들은 단기 재상속에 대한 세액공제를 적용받을 수 있는 것입니다.

 가산된 사전증여재산도 단기 재상속에 대한 세액공제 적용 대상인가요?

상속(1차 상속)받은 재산을 자녀에게 사전증여하고, 1차 상속개시일로부터 10년 이내에 사망(2차 상속)한 경우에 자녀가 사전증여받은 재산에 대해서도 2차 상속 시 본래의 상속재산과 마찬가지로 단기 재상속에 대한 세액공제를 적용할 수 있습니다.

Q57 즉시납부세액이 미납되어도 연부연납신청은 승인되나요?

연부연납을 신청할 때 즉시납부세액은 신청기한까지 납부하여야 하지만, 세무조사 후 추가로 납부할 세액이 있다면 그 납부기한까지 미납되어도 당초의 연부연납 승인여부에는 영향이 없습니다. 다만, 세무조사 결과 추가로 납부할 세액이 있다면 그 납부기한까지 즉시 납부분을 납부하여야 추가되는 결정세액에 대한 연부연납도 승인가능합니다.

Q58 연부연납 기간 중에라도 기납부한 세금에 해당하는 설정액을 줄여 줄 수 있나요?

연부연납 기간 중에는 최초에 표시된 담보 설정액이 계속 유지되므로 새로운 임대차계약이나 대출과정에 방해가 될 수 있습니다. 이 경우 납세자는 신청에 의하여 기납부한 세금에 해당하는 담보 설정액을 줄이는 요청을 할 수 있습니다.

Q59 배우자상속공제를 받기 위해서는 반드시 협의분할에 의한 상속등기를 해야 하나요?

상속 부동산에 대해서 배우자상속공제를 적용하기 위해서는 협의분할이나 유언 등에 따른 상속등기를 하여야 하며, 단순히 법적상속분에 따른 상속등기는 인정되지 않습니다.

협의분할에 의한 상속등기가 아닌 법정 상속분에 대한 등기는 공동상속인중 누구나 나머지 상속인들의 상속분과 함께 등기할 수 있으므로, 상속 부동산을 배우자에게 확정적으로 귀속시킨 것으로 볼 수 없다는 취지입니다.

 Q60 상속받은 부동산은 그 처분시기에 제한이 있나요?

기준시가 등으로 신고한 상속 부동산도 신고기한으로부터 9개월 이내에 매각한다면 그 매매가액으로 상속세가 부과될 가능성이 크므로 그 이후에 처분하는 것이 좋습니다. 한편, 피상속인이 8년 이상 자경하던 농지라면 상속개시 후 3년 이내에 매각해야 양도소득세 감면이 적용되며, 상속주택은 상속개시일로부터 5년 이내에 매각하여야 중과세대상 주택 수에 포함되지 않습니다.

부록

(중소기업과 대주주를 위한
주요 세무쟁점)

그동안 중소기업과 그 대주주를 위한 세무자문을 하면서 공통적으로 거론되었던 주요 세무쟁점들을 모았다.

중소기업을 운영하는 경영진이나 그들을 위하여 세무자문을 하는 컨설턴트들을 위한 것이다.

개인기업의 법인전환

(1) 개인기업과 법인기업의 차이

개인기업과 법인기업의 중요한 차이는 다음과 같이 요약할 수 있다.

구분	개인기업	법인기업
과세 구조	사업소득에 대하여 종합소득세를 과세함	법인소득에 대하여 법인세를 과세한 후에 배당이나 급여소득에는 종합소득세를 과세하고, 주식매각에 대해서는 양도소득세를 과세함
기업주의 소득종류	사업소득	근로소득, 퇴직소득, 배당소득, 양도소득
적용세율	종합소득세율(6~38%)	법인세율(10~25%) 종합소득세율(6~42%) 양도소득세율(10~20%)
회계기록의 유지	소득세 추계신고 등 회계기록 유지의무가 다소 느슨한 편임	가지급금과 가수금 등 회계기록이 상대적으로 엄격해야 함
매출누락 및 허위 경비에 대한 과세	소득세만 과세함	법인세를 과세한 후 대표에 대하여 소득세를 한 번 더 과세함
회계감사	비대상	자산 120억 원 이상 등

가업승계주식에 대한 과세특례	비적용	적용
가업상속공제 대상	가업에 직접 사용되는 사업용 자산	법인주식 전체(업무무관자산과 임대용 자산은 제외)
인수합병(M&A) 활동에 대한 제약	구조적인 제한이 많은 편임	인수, 합병, 분할, IPO, 매각 등에 자유로운 편이며 특히, 지분매각에 따른 소득세율이 10~20%에 불과함 (특정 법인 주식 제외)
사업관련 2차 납세의무	모두 있음	특수관계자 포함하여 50% 초과 주주만 해당함
간주 취득세	없음	과점주주 납세의무 있음
강제청산	소수지분자도 공유물 분할청구권 행사 가능	주총 특별결의로만 가능
공동사업자 출자금에 대한 이자비용 인정여부	원칙적으로 불인정	인정

(2) 법인전환의 선택

1) 이익규모

다음과 같이 소득세율과 법인세율의 차이로 인하여 납부할 세금이 차이가 나게 된다.

〈소득세율〉

종합소득과세표준	세율
1천200만 원 이하	과세표준의 6%
1천200만 원 초과 4천600만 원 이하	72만 원 + (1천200만 원을 초과하는 금액의 15%)
4천600만 원 초과 8천800만 원 이하	582만 원 + (4천600만 원을 초과하는 금액의 24%)

8천800만 원 초과 1억 5천만 원 이하	1천590만 원 + (8천800만 원을 초과하는 금액의 35%)
1억 5천만 원 초과 3억 원 이하	3천760만 원 + (1억 5천만 원을 초과하는 금액의 38%)
3억 원 초과 5억 원 이하	9천460만 원 + (3억 원을 초과하는 금액의 40%)
5억 원 초과	1억 7천460만 원 + (5억 원을 초과하는 금액의 42%)

〈법인세율〉

과세표준	세율
2억 원 이하	과세표준의 10%
2억 원 초과 200억 원 이하	2천만 원 + (2억 원을 초과하는 금액의 20%)
200억 원 초과	39억 8천만 원 + (200억 원을 초과하는 금액의 22%)

당기순이익에 일정한 세무조정을 한 것이 과세표준인데, 소득세율은 과세표준이 증가함에 따라 가파르게 상승하나 법인세율은 상대적으로 완만하게 상승하므로 일정규모 이상의 과세표준부터는 소득세가 법인세보다 커지는 현상이 발생한다.

소득세와 법인세가 동일해지는 과세표준을 ★이라고 하고 방정식을 풀어 보면 720,000원 + (★ - 12,000,000원) × 15%= ★ × 10%이 되어, ★= 21,600,000원이 된다. 즉, 과세표준이 21,600,000원 이상이면 사업소득에 대한 소득세가 법인세보다 더 커진다는 것을 알 수 있다.

그런데 개인기업의 소유주는 사업소득에 대한 소득세만 납부하면 모두 개인 자금이 될 수 있으나, 법인기업의 소유주는 법인세를 납부한 후에도 법인의 자금을 개인이 사용하려면 한 번 더 소득세를 납부해야 된다.

즉, 법인으로부터 급여를 받는다면 급여소득세를, 배당을 받는다면 배당소득세를 납부해야 하는 것이다. 주식을 양도한다면 양도소득세를 납부해야 개인자금이 된다.

만약 법인기업의 기업주가 이익 전액을 배당을 받는 대신 일정액의 급여를 책정하여 급여소득세를 납부한다면 그 급여의 규모에 따라서 납부하는 법인세와 소득세도 달라지나, 개인기업과 다른 점은 급여에 대해서도 비용으로 인정된다는 것이다.

따라서 절세목적에서 개인기업을 법인기업으로 전환한다면 법인세 외에도 기업주의 급여나 배당의 규모에 따른 소득세도 함께 고려해야 한다.

일반적으로는 중소기업 소유주의 급여를 1~2억 원 수준으로 책정하고 배당은 잘 지급하지 않는 상황을 가정하여, 당기순이익이 약 2억 원을 넘는 시점부터는 개인기업보다 법인기업의 세부담이 줄어들기 시작하므로 이때부터 법인전환을 권고하기도 한다.

2) 이익전망에 대한 고려

앞서 언급한 바와 같이 당기순이익의 규모가 약 2억 원을 넘기 시작하는 시점부터 법인전환을 고려하지만, 법인 내부에 축적된 이익, 즉 누적된 잉여금을 개인의 재산으로 바꾸기 위해서는 언젠가는 개인소득세를 납부할 수밖에 없다.

이렇게 소득세를 한 번 더 낸다면 기업주 입장에서는 법인전환에 따른 절세효과가 없는 것 아닌가?

임대사업자처럼 매년 발생되는 순이익이 일정하다면 일견 맞는 말일 수 있다. 임대사업자는 매년 발생되는 순이익이 대부분 일정하므로 납부할 소득세나 법인세도 거의 정해져 있는데, 지금 당장 기업주의 급여나 배당을 아무리 작게 하더라도 언젠가는 소득세를 낼 수밖에 없으므로 법인전환에 따른 절세효과가 체감되지 않을 것이다.

그러나 향후에 예상되는 순이익의 변동폭이 클 것으로 보이는 기업의 경우에는 이야기가 달라진다. 즉, 이익이 크게 발생하는 시기에 개인기업의 형태로 있었다면 거액의 소득세를 냈어야 함에도 법인기업은 기업주에 대한 급여를 정하기에 따라 당장 납부하는 소득세 등을 줄일 수 있는 것이다. 또한 이익규모가 작거나 손실이 발생한 해에는 기업주의 급여를 면세점에 가깝게 책정하여 소득세와 4대 보험을 최소한으로 하면서 향후에 법인세 절감효과도 바라볼 수 있다.

이렇게 법인기업의 기업주는 자신에 대한 급여나 배당의 규모를 조절함으로써 소득세 납부시기를 능동적으로 정할 수 있다는 장점이 있는 것이다.

3) 인수합병(M&A) 등을 염두에 둔 기업

외부로부터 투자를 유치하기 위해서는 지분이동이 자유로워야 하므로 법인기업형태가 필수적이며, 구조조정 등을 위해서 합병이나 분할을 할 경우에도 법인기업이 훨씬 유리하다.

특히 지분을 매각할 경우에는 매각차익에 10% 내지 20%의 양도소득세만을 부담하므로 사업에서 이룩한 부가가치를 개인화하는 데 절대적으로 유리하다.

다만, 부동산이 전체 자산의 50%가 넘는 기업에 대한 지분율 50% 이상의 주식매각이나, 호텔이나 콘도 등 사치업을 영위하는 기업의 주식매각에 대해서는 부동산을 매각한 것과 동일한 양도소득세를 적용한다.

(3) 법인전환 방법

구분	일반 사업양수도	특례 사업양수도	현물출자
장점	소요시간과 경비 절약	조세특례적용	조세특례적용 현금지출 불필요
단점	조세특례 없음	순자산만큼 자본금 (현금)소요[1]	장시간 소요 감정평가 및 회계감사 수수료
조세특례	N/A	양도소득세 이월과세 취득세 면제 세액공제 등 승계	양도소득세 이월과세 면제 세액공제 등 승계
조세특례대상	N/A	소비성 서비스업 제외되며, 전환 후 5년 이상 유지	소비성 서비스업 제외되며, 전환 후 5년 이상 유지
소요기간	2개월	2개월	3개월

---

1 법인설립 자본금에 대한 부담이 있는 경우, 개인사업자 상태에서 금융기관 등으로부터 차입하여 대표자의 인출금을 회수하면 순자산가액이 그만큼 줄어들게 되므로 설립자본금에 대한 부담을 줄일 수 있다. 다만, 출자금 조달에 대한 이자비용의 손금부인 가능성을 고려하여야 한다.

1) 조세특례 대상

▶ 업종: 호텔, 여관, 주점, 오락 및 유흥업은 일반적으로 제외되나 관광진흥법에 따른 관광숙박업은 포함된다.

▶ 사업용 자산에 대해서만 적용되므로, 업무무관 부동산이나 가지급금은 제외된다.

2) 사후관리

▶ 양도소득세 이월과세

취득한 사업용 고정자산의 50%나 법인 전환한 주식의 50% 이상을 법인설립일로부터 5년 이내에 처분하면 양도소득세 이월과세가 적용되지 아니한다.

▶ 취득세 면제

취득한 사업용 고정자산에 대해 2년 이내에 폐업하거나 처분(임대포함)하는 경우에는 취득세 면제를 취소한다.

(4) 기타 고려사항

1) 영업권

법인전환 시의 영업권이란 개인사업을 하면서 형성된 영업 노하우, 브랜드, 고객관계, 유통 네트워크와 기술 등 무형의 자산을 총칭하는 개념이라고 할 수 있다.

이러한 영업권을 법인사업자가 개인사업자로부터 아무런 대가도 없이 이전해 온다면 부당행위부인규정이나 증여세 과세규정이 적용될 수 있음에도 실무에서는 법인기업의 대주주와 개인기업주가 같다는 이유로 종종 이를 누락하는 경우가 있어 주의를 요한다.

영업권을 구하는 산식은 다음과 같다.

$$
(\text{과거 3개년 가중평균 순이익가치} \times 50\% - \text{자기자본} \times 10\%)
$$
$$
\times \text{현가계수 PVIF}(r=10\%, n=5)
$$

위 산식의 의미를 보면 영업권이란 자기자본의 10%를 초과하는 가중평균 순이익(이를 흔히 초과이익이라 함)이 5년 동안 지속될 것으로 보고, 이것을 10%의 할인율로 할인한 현재가치라고 할 수 있다. 법인은 이 영업권을 무형자산으로 계상한 후 감가상각을 통하여 비용화하므로 법인세를 줄일 수 있다.

한편, 영업권을 파는 개인사업자가 매각대가로 받는 금액은 전액 기타소득으로 분류되며, 최소한 60%를 필요경비로 인정받을 수 있어 매각한 대가로 받은 금액의 40%만을 소득으로 보아서 소득세를 납부하게 된다. 법인사업자가 당장 영업권에 해당하는 현금이 없다면 개인사업자에게 미지급금(또는 가수금)으로 계상한 후에 이익이 발생할 때 대금을 상환해도 될 것이다. 따라서 개인사업자의 입장에서도 영업권을 계상하는 것이 절세목적에도 오히려 유리하므로 적극적으로 계상할 것을 권한다.

2) 부가가치세

사업의 일관성이 유지되는 포괄적 사업양수도에 대해서는 재화의 이동이 있음에도 불구하고 부가가치세법상 세금계산서를 발행하지 아니하도록 하고 있다. 바꾸어 말하면, 부가가치세법상의 사업양수도에 해당하지 아니하면 세금계산서를 발행하여야 한다는 의미인데, 사업양수도에 해당한다고 판단하고 세금계산서를 발행하지 아니하였다가 과세를 당하거나, 그 반대의 경우가 종종 발생하므로 주의해야 한다.

한편, 2014년 2월부터 사업양수도 여부에 대한 판단의 어려움을 고려하여 '사업양수자의 대리납부제도'가 도입되었다. 이에 따라서 세금계산서를 발행한 경우에는 정당한 세금계산서로 보게 되었으므로 이 제도를 적절히 활용할 필요도 있다.

3) 은행거래

사업양수도방식에 따른 법인전환은 사업을 양수할 법인이 미리 설립되므로 은행거래가 자연스럽게 이전될 수 있으나, 현물출자방식에 의한 법인전환의 경우에는 현물출자 이후에 법인이 설립되므로 은행거래가 중단될 수도 있어 사전에 은행과 차입금 등 기존의 거래관계에 대하여 협의를 하여야 한다.

4) 신용카드 단말기

소비자를 상대로 신용카드매출이 발생하는 업종이라면 법인전환일과 사업자등록증 발급일 및 신용카드 단말기 변경일이 일치하지 않을 수 있다. 가급적 이들의 날짜가 일치할 수 있도록 하되 불가피할 경우에는 카드매출액과 매출신고액의 차이에 대하여 과세당국에 소명할 준비를 하여야 한다.

5) 세액감면 및 이월세액공제

조세특례적용 사업양수도나 현물출자의 경우에는 세액감면을 전환된 법인에서도 적용받을 수 있고, 세액공제 이월액도 전환법인에서 계속해서 적용받을 수 있으므로 세액감면과 이월세액공제 효과가 큰 경우에는 이에 따라서 법인전환하는 것이 유리하다.

6) 이월결손금과 준비금

법인전환을 하면 개인사업자의 이월결손금을 법인에서 공제하지 못하므로 이월결손금을 충분히 소진하고 법인전환하는 것이 유리하다. 또 개인사업자가 설정한 투자준비금 등은 법인전환시점에 일시에 익금산입이 되기 때문에 소득세 부담이 일시에 돌아오는 점도 고려해야 한다.

대표이사의 가지급금

법인 대표이사의 가지급금에 대해서는 다음과 같이 원금의 상여처분과 인정 이자에 대한 불이익이 있으므로 주의해야 한다.

(1) 원금의 상여처분

대표이사의 가지급금 잔액은 특수관계가 소멸하는 날(사임하는 날) 전액 상여 처분하므로 소득세를 일시에 납부해야 하는 부담이 발생한다.

실무적으로 많이 발생하는 사례는 가지급금 잔액이 많은 상태에서 대표이사 를 변경등기하거나 폐업하는 경우에 과세관청이 가지급금 전액을 대표이사에게 상여처분하고 소득세를 부과하는 경우이다.

따라서, 대표이사를 변경하거나 폐업하려고 할 때는 반드시 가지급금 잔액을 확인하여야 하며 가지급금이 있는 상태에서 어쩔 수 없이 대표이사를 변경해야 하는 경우에는 가지급금을 새로운 대표이사에게 인수인계하는 내용을 명확히 해 두는 것이 좋다.

(2) 미수이자의 불인정

가지급금이 대여약정서나 이사회결의 등에 따라 이루어지지 아니하고 빈번하게 사금고처럼 발생한 것이라면 해당 미수이자를 인정하지 아니하고 상여로 소득처분하게 되므로 대여약정서 등의 준비가 필요하다.

(3) 인정이자율

인정이자율은 연간 4.6%를 적용하나, 이것이 너무 부담스러운 경우에는 회사의 차입이자율을 약간 상회하는 수준으로 약정할 수 있다.

가지급금에 대한 인정이자율은 일정한 요건이 충족된 경우에는 회사의 가중평균차입이자율을 적용하고 그 외에는 발표된 당좌대출이자율(4.6%)를 적용하도록 하고 있기 때문이다.

최근 저금리 상태가 지속되고 있는 상황에서 회사의 가중평균차입이자율이 낮다면 이 방법을 고려해 볼 필요가 있다.

다만, 가중평균차입이자율이 적용되는 대여금은 대여한 날(계약을 갱신한 경우에는 그 갱신일)로부터 해당 사업연도의 종료일까지의 기간이 5년을 초과하지 아니하는 경우에만 적용됨을 주의하여야 한다.

또 각각의 대여시점마다 가중평균차입이자율을 산출하여 비교하므로 실무상 상당히 번거로운 점도 감내해야 한다.

임원의 보수

(1) 임원보수규정

세법을 적용할 때의 임원이라 함은 등기 임원뿐만 아니라 비등기 임원도 포함된다.

임원의 보수 중 기본급은 주총에서 결의한 범위 내에서 연봉계약 등에 따라 지급하면 논란이 없겠지만, 상여금과 퇴직금은 사전에 정해진 기준에 따라서 지급하지 아니하면 법인세법상 손금 부인되는 문제가 있다.

임원의 상여금과 퇴직금을 일정한 원칙 없이 지급하는 것에 대하여, 과세당국은 비록 상여금 등의 외형을 띠었다고 하더라도 그 실질은 배당으로 보아서 손금으로 인정하지 않는 것이다.

따라서, 세법에서는 임원의 상여금과 퇴직금에 대해서는 사전에 그 기준을 정하고 그에 따라서 지급하도록 하는 것이 중요하다.

그럼에도 불구하고 많은 중소기업들은 1인 지배형태이므로 상여금과 퇴직금을 사전에 정해진 기준 없이 집행하다가 세무조사를 받고서 과세되는 경우가 많으니 주의가 필요하다.

임원보수규정은 주주총회의 결의를 통하여 정하되 반드시 공증을 필요로 하는 것은 아니나, 공증을 해 둔다면 신뢰성을 높일 수는 있을 것이다.

여기서 특히 주의해야 하는 부분은 임원보수규정의 내용인데, 일반적으로 주주총회에서 임원보수의 한도를 정한 것만으로도 충분하다고 이해하는 경우가 많다.

그러나 과세당국은 구체적인 산식에 의하여 상여금과 퇴직금을 사전에 누구라도 알 수 있는 정도의 규정만을 인정하고 있다. 예를 들어, 임원 상여금이라면 이익의 몇 퍼센트나 월정 급여의 몇 배수라는 식으로 계산방식이 구체적으로 정해져야 한다는 것이다.

임원의 보수규정을 수립하였음에도 불구하고 실제로 지급하지 않거나 회계장부에 부채로 계상하지 않는다면, 외부감사 대상이 되는 기업의 경우에는 감사의견이 변형될 수도 있을 것이며, 그렇지 않은 기업의 경우라 하더라도 보수규정에 대한 신뢰성에 의문을 주게 될 것이다.

만약, 임원에게 지급하기로 한 보수를 해당 임원이 스스로 포기한다면 세무상으로는 일단 지급한 후에 다시 회사로 입금된 것으로 보므로 각각 손금과 익금이 계상되어 법인세 부담은 없으나 해당 임원에게 소득세가 부과되는 불이익이 있다.

(2) 임원에 대한 복리후생비

임원에게 지출하는 복리후생비에는 학자금 지원비, 각종 경조사비 및 건강검진비 등이 있을 수 있다.

이러한 복리후생비는 경우에 따라서 법인세법상 손금으로 인정되지 않거나, 손금으로 인정되더라도 해당 임원에 대한 소득세가 부과될 수도 있고, 부당행위의 부인에 해당하면 법인세와 소득세를 동시에 납부할 수도 있으므로 주의가 필요하다.

우선, 복리후생비들이 법인세법상 손금으로 인정되기 위해서는

① 사회통념상 타당하고 ② 특정 임원이 아닌 모든 임원에게 적용될 수 있는 내부규정에 근거하여 집행된 것이라면 대체로 손금으로 인정될 수 있다.

이렇게 손금으로 인정된 비용이라고 하더라도 소득세법상으로는 근로소득에 해당되어 해당 임원은 근로소득세를 납부해야 하는데, 다음의 요건을 모두 충족하는 학자금에 대해서는 소득세도 부과하지 아니한다.

▶ 당해 근로자가 종사하는 사업체의 업무와 관련이 있는 교육 · 훈련을 위하여 받는 것일 것
▶ 당해 근로자가 종사하는 사업체의 규칙 등에 의하여 정해진 지급기준에 따라 받는 것일 것
▶ 교육 · 훈련기간이 6개월 이상인 경우 교육 · 훈련 후 당해 교육기간을 초과하여 근무하지 아니하는 때에는 지급받은 금액을 반납할 것을 조건으로 하여 받는 것일 것

한편, 임원들의 단합 등을 위하여 골프장 이용료로 지출한 비용은 손금에 산입할 수 없고 오히려 상여로 처분하여 해당 임원에게 소득세를 부과하게 된다.

매출 · 매입의 인식과
세금계산서

___

많은 기업들이 세금계산서를 대금 회수와 연관지어서 발행하면서 매출로 인식함에 따라 다음과 같은 세무회계적인 문제가 발생하는 경우가 많다.

▶ 연도별로 심한 매출액 변화로 인하여 회사의 신뢰성 저하(금융거래, 입찰자격, 주식가치평가 등)

▶ 매출 인식시점의 오류로 인한 법인세 위험

▶ 세금계산서 발행오류로 인한 부가가치세 위험

세금계산서는 대금을 실제로 회수했는지의 여부와는 상관없이 법에서 정한 시기에 반드시 발행해야 하고, 이 세금계산서 발행시점과 손익계산서상의 매출 인식시점은 달라야 하는 경우가 많다.

예를 들어, 1년 이상의 기간 동안 진행되는 용역거래에 대해서 세금계산서를 발행해야 하는 시점은 용역계약서에서 대금(계약금, 중도금, 잔금 등)을 받기로 한 날(실제로 받은 날이 아님)이며, 그 날이 불분명할 경우에는 용역제공이 종료된 날에 발행하여야 한다. 부동산 임대업은 임대료를 주고받기로 한 날에 발행해야지 임대료를 실제로 받은 날로 발행하면 안 된다.

또 회사의 손익계산서에 매출과 매입으로 기록해야 하는 시점은 세금계산서 발행시점과는 별개로 해당 용역의 진행 정도에 따라서 인식하여야 한다. 세법상 수익과 비용인식시점도 회계기준과 대체로 일치한다.

따라서, 특정 연도의 세무 신고내용을 보면 세금계산서 공급가액과 손익계산서의 매출과 매입액이 당연히 차이가 발생하게 되며, 그 내역에 대해서 설명하는 서식이 별도로 마련되어 있다.

그럼에도 불구하고 많은 중소기업들은 대금을 수수하는 시점에 세금계산서도 수수하거나, 세금계산서 수수시점에 매출과 매입을 인식하는 오류를 범하고 있다.

부가가치세법에서 정한 시기에 세금계산서를 수수하지 아니하면 각종 가산세와 매입세액을 공제받지 못할 가능성이 있다.

또 진행기준에 따라서 매출과 매입을 인식하지 아니하고 세금계산서 발행금액에 따라서 인식하면 세법상의 손익기간귀속 오류에 따른 가산세 및 경정청구 소멸시효 등의 불이익이 있으며, 재무제표 또한 그 변동성이 심하게 보여 금융거래나 입찰 및 신용평가 등에서 불리한 경우가 많다.

한편, 빈번한 거래시기마다 세금계산서를 수수하는 일이 번거로운 현실을 고려하여 월합계 세금계산서 제도를 운영하고 있으나, 많은 기업들이 근무일(working day) 기준에 의한 말일(예: 12월 31일이 일요일인 경우 29일자로 발행)

이나, 특정 기간의 말일(예: 전월 26일부터 당월 25일까지의 거래에 대해서 25일자로 발행하는 등)로 세금계산서를 발행하는 경우가 많다. 이는 모두 부가가치세법과 다른 것이므로 각종 가산세와 매입세액 불공제의 위험에 노출되어 있는 것이다.

연구인력개발비에 대한
세액공제

기업의 절세전략 중에서 가장 효과적인 것이 '연구인력개발비에 대한 세액공제'일 것이다. 중소기업의 경우 지출한 비용공제효과 외에도 25%만큼 세액공제가 가능하고, 또 최저한세의 적용도 받지 않기 때문이다.

예를 들어, 연구원의 급여를 1백만 원 지급한다면 법인세 손금효과 약 22만 원과 세액공제효과 약 25만 원의 혜택이 있으므로 실제 부담하는 급여는 약 절반 수준이 될 수 있다.

연구원의 수가 상당한 기업의 경우에는 많은 순이익에도 불구하고 법인세를 거의 납부하지 않거나 심한 경우 십수 년 동안 한 푼도 내지 않는 경우도 있다.

따라서, 이 연구인력개발비에 대한 세액공제를 최대한 활용하는 것이 다른 어떤 절세방법보다 효과적일 것이다.

세액공제 대상이 되는 비용에는 보조인력에 대한 비용도 모두 해당이 되므로 가능하면 연구소를 크게 조성하여 많은 인력들이 연구소에 근무하는 것이 유리하다.

다만, 세액공제 대상에서 제외되는 비용들이 있는데 대표적인 것들은 다음과 같다.

▶ 총무나 경리업무를 하는 임직원에 대한 비용

▶ 지분율이 10%를 초과하는 임직원에 대한 비용

▶ 퇴직급여

▶ 정부보조금으로 지원받은 비용

한편, 많은 기업들이 오해하는 것 중에 하나가 연구인력개발비에 대한 세액공제는 반드시 연구소가 설립되어야만 적용가능하다고 생각하는 것이다.

그러나 비록 연구소가 설립되어 있지 않더라도 '고유디자인의 개발을 위한 비용'도 세액공제 대상이 될 수 있다. 의류회사가 자사의 고유 상품을 디자인하는 비용이 대표적이다.

고유디자인의 개발을 위한 비용에는 자체 디자이너는 물론 외부에 의뢰한 비용도 모두 해당된다. 자체 디자이너에 대한 증빙은 해당 인력의 이력서나 수상경력 등이 될 것이다.

06

과점주주의
간주취득세

법인에 대한 지분율이 50%(특수관계자 포함)를 초과하는 과점주주가 증자나 매매 및 상속 · 증여 등(설립 시는 제외)으로 인하여 지분율이 증가하는 경우에는 해당 법인의 부동산 등을 취득한 것으로 보아서 이 지분율에 해당하는 취득세를 과점주주에게 한 번 더 부과하게 된다.

이것은 과점주주의 경우 해당 법인의 부동산을 직접 취득한 것과 다를 바 없는 점과 지분의 분산을 장려하는 정부정책이 반영된 규정이라고 할 수 있는데, 비상장회사의 주식에 대하여 증자나 매매 등을 할 때는 증여세나 소득세 외에 이러한 간주취득세도 반드시 검토하여야 한다.

만약, 부동산을 구입할 예정인 법인이 증자 등을 반드시 실시해야 한다면, 증자 등을 먼저 한 후에 부동산을 취득하는 순서로 해야 새로운 부동산에 대한 간주취득세를 피할 수 있을 것이다.

부동산 임대사업자의
기타 세무이슈

___

(1) 설립형태(개인 또는 법인)

부동산 임대사업자의 형태를 법인기업과 개인기업 중에서 선택함에 있어서는, 앞서 살펴본 바와 같이 매년 수익이 일정하여 법인기업의 형태에 따른 장점을 이용할 여지가 별로 없으므로 대체로 개인기업의 형태로 운영된다.

그런데 부동산 임대업을 개인기업으로 해야 하는 또 다른 중요한 이유는 바로 취득세 중과 때문이다.

취득세법에 따르면,

▶ 과밀억제권역에서 법인의 본점이나 주사무소의 사업용 부동산을 신축 및 증축하는 경우나

▶ 대도시에서 법인을 설립하거나 전입함에 따라 부동산을 취득하는 경우에

일반적인 취득세보다 2~3배를 중과세하도록 하고 있다(단, 설립 후 5년 경과된 법인 제외).

따라서 법인형태로 부동산을 취득하여 임대사업을 하는 경우에는 대부분 취득세가 중과될 수 있다.

만약 임대사업자를 반드시 법인형태로 운영하고자 한다면, 일단 개인사업자로 임대사업을 시작한 후에 다시 현물출자의 방법 등으로 법인전환을 한다면 취득세 중과를 피할 수 있다.

(2) 공동 임대사업자의 부동산 취득자금에 대한 이자비용의 부인

임대사업용 부동산의 취득자금을 금융기관 등으로부터 차입한다면 그 이자비용은 당연히 임대수익에 대응되는 필요경비가 될 것이다.

소득세법에 따르면 공동사업자가 출자금을 마련하기 위하여 차입한 차입금에 이자비용은 개인적인 경비일 뿐, 사업장의 수익에 대응하는 비용이 아니라고 하고 있다.

즉, 2인 이상(개인 + 법인도 가능)이 공동으로 임대용 부동산을 취득한 후에 사업자등록을 한 경우에 부동산 취득목적으로 조달한 차입금은 이 출자금에 해당할 수도 있다. 따라서, 공동으로 부동산 임대사업을 하려고 한다면 먼저 사업자등록을 한 후에 차입금을 발생시키는 것이 상대적으로 세무위험을 줄이는 방법이 될 것이다.

다만, 최근의 판례들은 단독 임대사업자와의 불평등과 출자금의 범위가 불확실함 등을 이유로 공동 사업자의 출자금에 대한 이자비용을 부인한 것은 위법하다는 입장을 밝히고 있다. 때문에 이미 차입금을 이용하여 공동 임대사업자를 등록하였다면 이러한 판례들을 충분히 활용할 필요도 있다.

Index